識破不點破

透視謊言的假面

如果你太過老實，
就極容易落入別人的
陷阱。

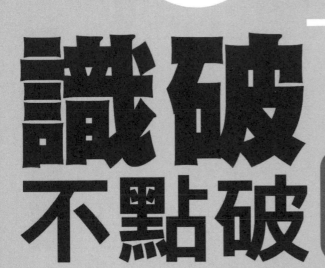

社會大學：28

識破不點破：透視謊言的假面

編著者　周儀軒
出版者　大拓文化事業有限公司
責任編輯　林秀如
美術編輯　姚恩涵
內文排版　王國卿

總經銷　永續圖書有限公司
劃撥帳號　18669219
地址　22103 新北市汐止區大同路三段一九十四號九樓之一
TEL　(〇二)八六四七—三六六三
FAX　(〇二)八六四七—三六六〇
E-mail　yungjiuh@ms45.hinet.net
網址　www.foreverbooks.com.tw

CVS代理　美璟文化有限公司
TEL　(〇二)二七二三—九九六八
FAX　(〇二)二七二三—九六六八

法律顧問　方圓法律事務所　涂成樞律師

出版日◇二〇一七年九月

國家圖書館出版品預行編目資料

識破不點破：透視謊言的假面 / 周儀軒編著.
-- 初版. -- 新北市 : 大拓文化, 民106.09
面 ;　公分. -- (社會大學 ; 28)
ISBN 978-986-411-057-5(平裝)
1. 說謊　　2. 欺騙
177　　106011507

序

人是相當奇怪而又矛盾的動物，大部分時候，我們自己撒謊臉不紅、心不跳，而一旦發現別人撒謊卻極度反感，因爲在我們的主流價值觀裡，誠信才是人們宣導的美德，而謊言往往是道德低下、行爲齷齪的同義詞。

其實謊言也有好壞之分，我們日常生活中那些無關痛癢的謊言在很多時候不過是一種語言遊戲，雖然我們隱瞞了事實的真相，但並沒有人因此而遭受任何損失。與此相反，社會中還有很多人的謊言卻極具殺傷力，有時甚至是帶有毀滅性的。如小人造謠生事，無中生有，對別人進行攻擊，如果不能識破他的謊言，肯定有人會被他的流言所傷；又如，職業騙子打著行善的幌子到處招搖撞騙，如果被他蒙蔽，結果也一定非常慘……諸如此類的謊言數不勝數，但它們有個共同的特點，就是具有欺詐性，以損人利己爲目的。於是，懂得如何識破謊言，準確地說是洞悉別人的謊言，特別是欺詐性的謊言，而不被別人識破，便成爲一種處世的藝術。

想要精通這門充滿智慧的藝術，那麼你有必要瞭解一下這本書。本書考察了謊言產生的社會背景、撒謊者的心理狀態以及謊言的幾張面孔，全面揭示了充斥在我們生活各個角落裡的各種各樣的謊言。

讓你懂得如何識破謊言只是第一步，本書更深的用意在於讓你更好地與謊言共處。因爲這不僅是一種智慧，更是一種人生的境界。只有徹底讀懂了這門處世藝術，你才能在謊言的世界裡遊刃有餘，規避謊言的危害，暢享謊言的樂趣。

第2章 學幾招破謊術

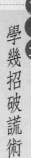

第3章 說謊不一定不好

第4章 如何高明地說謊

第5章

被加工的歷史與明星的背後

1

察言觀色識破謊言

什麼樣的人愛說謊

據調查顯示：人是愛撒謊的動物，而且比自己意識到的講得更多。心理學家認爲，具有以下四種心理狀態的人更愛說謊：

一、虛榮心太重的人

這類人十分在乎他人對自己的評價，喜歡追逐時尚，最喜歡別人對他行注目禮。他們對華服美食、名車名店、高級娛樂場所、奇聞軼事、小道消息等似乎懂得極多，談起來頭頭是道、滔滔不絕。因爲他們太注重外在的東西，而對個人的素質與氣質疏於培養，但又渴望得到別人的喝彩，於是，他們憑內在的實力無法達到這種目的時，撒謊便成了他們使用的最便利的手段。

二、自卑感太強的人

這類人內心大多十分敏感，他既能敏銳地感受到自己許多不如別人的地方，同時，又極容易把周圍一切人對自己的注意——哪怕是關心和幫助——看成是對自己的憐憫。自卑心理較強的人，雖然自卑，但又不甘心自己目前的處境，總覺得自己應該有比眼下更好的表現、更高的物質待遇，受到更多的尊重和承認。

面對自己的實際情況，自卑者往往不是想辦法來解決，而是選擇逃避。這些自卑者多半會以謊言爲武器來調整自己在他人心目中的位置和形象，用謊言來安慰、麻痹自己，在幻想中獲得滿足感和認同感。

三、爭強好勝的人

一個人要強本不是壞事，要強可以促使自己奮發向上，在工作和事業上有較大的成就和作爲。但任何事情都有個限度，超過這個限度便走向它的反面。爭強也是如此，事事要強，時時要強，總想高出別人一頭，把這作爲一種理想是很不錯的，但如果把它落實在生活中，則太困難了。因爲我們每個人都受天賦、出身、教養以及身體狀況等多種因素的制約，要達到在每一時間、每一領域都高人一等，那幾乎是不可能的。

有著爭強心理的人活得很累，他們事事都想出類拔萃，對自己要求很高。一旦沒有達到自己的目標或遭遇挫折，往往沒有勇氣面對，只能用謊言編織理由爲自己尋找退路，維護面子和自尊，虛構成功的情景、矇騙他人或欺騙自己，便常常成爲他們的拿手好戲。

四、過分以自我為中心的人

應該說，我們每個人在思考問題、處理事情時，都不免會以自我爲中心，但這種以自我爲中心的心理應有個限度。

如果沒有損害他人的生活，大家自可相安無事。但如果一個人以自我爲中心的心理嚴重到過分的地步，在任何時候都想著維護自己的利益，爲了讓自己的利益得以保全謊言就會隨之而出。

負罪感，撒謊的代價

在現實中，有時撒謊不是發自內心的，沒有經過大腦的層層思考。因而，當過了一段時間之後，說謊者發現自己的行爲給受騙者造成了一定程度的損傷，或發現自己「聰明反被聰明誤」，毀壞了自己的名聲的時候，說謊者很可能會爲自己的行爲感到悔恨，會自責心靈中醜陋的一面。

當這種愧疚感十分強烈的時候，說謊者心裡會非常痛苦，以致覺得當初說謊是很不明智的，得不償失，後悔當初沒有實話實說。

小欣高中時透過網路結識了阿軒，兩人相談甚歡，感覺十分投緣。阿軒是大學名校的學生，知識面很廣，經常為小欣解答很多問題。不久，小欣參加了考試，但是她失利了，無緣進入大學。可是當阿軒問小欣考得如何時，小欣害怕阿軒會因為她沒有考上大學而瞧不起她，更擔心會失去他這個朋友，於是她告訴阿軒，自己已經被一所不錯的大學錄取了。

此後他們倆一直透過網路保持聯絡，但是小欣顯然沒有以前那麼坦然和快樂了，因為她對朋友撒了謊。每當想起阿軒，她就會想起自己的謊言。在心裡她常常責怪自己，覺得當初不應該那麼做。有幾次她也嘗試著想把事情的真相告訴阿軒，但最終還是沒有勇氣去做。因為這件事，小欣常常覺得自己負罪感很重，心理壓力也很大。

心理學家認爲，說謊者說謊後所產生的良心不安的愧疚心理，與以下幾個因素有關：

一、謊言帶來的利益

如果說謊者能從說謊中得到好處，而他的謊言卻直接導致受騙人利益受損，說謊者就會覺得自己的行爲不正當、不道德。如果說謊者認爲自己並沒有從說謊中得到什麼好處，或者認爲受騙者並沒有損失什麼或根本沒有受到傷害，那麼說謊人也不會爲此感到特別愧疚。

二、謊言欺騙的對象

如果說謊者所欺騙的是他平常所敬重的人，或者一直信任他的人，他就會覺得自己的行爲有違道德規範，產生良心自責。相反的，如果說謊者所欺騙的是他平常所厭惡、憎恨的人，或者對方根本就是個道道地地的騙子，那他就會認爲欺騙他們並讓他們遭受損害是合理而正當的，良心上不會感到特別不安，有時候還會有一種報復的快感。

三、謊言製造者的性格特徵

那些價值觀念和道德準則與整個社會大相徑庭的人，即使撒下天大的謊，也不會產生絲毫愧疚感，在他們看來，獲取利益和成功可以不擇手段。相反，容易對說謊感到愧疚的人，大多是那些從小就接受了嚴格的教育，認爲說謊是違反道德的行爲的人。

謊言都害怕被戳穿

任何人說謊以後都擔心謊言被戳穿，因爲謊言一旦被戳穿極有可能使自己顏面掃地，嚴重時說不定還要遭受各種懲罰，那時他們的損失將是無法挽回的。因此撒謊後，多數人都無法心安理得，而是時常擔心謊言被揭穿，這種擔心嚴重時甚至會變成一種恐懼。

但人與人是不一樣的，有的說謊者，恐懼心理會強一些；有的說謊者，恐懼心理會弱一些。那麼，究竟哪些因素會影響說謊者恐懼心理的強弱呢？

第一，謊言的對象

如果說謊者認爲或知道對方是一個意志薄弱、缺乏經驗、沒有主見的人，就不怎麼擔心謊言被戳穿，恐懼心理會減輕。相反，如果說謊者認爲或知道對方是一個意志堅強、經驗豐富、有主見的人，就會感到非常害怕。

例如，父母就常使說謊的孩子感到害怕，因爲在孩子的心目中，父母都是些富有經驗的辨謊者，正如有的父母在教育說謊的孩子時所說的「一看你的眼睛我就可以知道你是不是在說謊」。因此，因犯錯誤而向父母撒謊的孩子，常常擔心自己的謊言被戳穿，以致常常會露出破綻，最後不得不坦白。

第二，謊言涉及的利害關係或得失問題

說謊者所說的謊言越是與他看重的事情關係密切，他的心理負擔就越重，因而也就越是擔心被戳穿。比如說，有些學生，在平時測驗中作弊可以顯得滿不在乎，但要在正式考試中作弊心裡就非常緊張，因爲一旦被逮著，不僅要受處分，而且會影響到能否畢業。

同樣，在日常生活中，人們爲了搪塞一些無關緊要的交際應酬，編造謊言不會有什麼心理負擔，因爲對人對己都沒有什麼傷害。但是，要人們在一些事關重大的事情或將給他人造成直接傷害的事情上撒謊，受倫理和道德的影響，他們的心理負擔就會

十分沉重。

第三，說謊者的行為習慣

有些人善於說謊，他們從小時候起便一直用謊話來讓人受騙，這些人幾乎能夠隨時隨地、隨心所欲地用謊話來欺騙父母、老師和朋友，也似乎不怕別人戳穿謊言，而且他們有自信一定能夠把別人騙過去。這類型的「說謊天才」自然談不上有多重的心理負擔。

與此相反，有些人就很不善於說謊，尤其是不善於掩飾自己的感受，一說謊就特別擔心被人戳穿。他們總是認爲，每一個看著他們的人都會知道他們是否說謊，以致在說實話時都會擔心別人不相信。因此，一個經常說謊的人和一個偶爾說謊的人，在說謊前、說謊時、說謊後的表現和心理差異是非常大的。

藉口只能用來搪塞

一個人說實話不需要藉口，而說謊則必須要有藉口。

說謊的人都想從說謊中撈到好處，卻不願承擔遭受指責或懲罰的風險。因此，當他們的謊言露出破綻，或者被人識破之後，他們總是絞盡腦汁，尋找藉口來搪塞。說謊者尋找的藉口是多種多樣的，而歸納起來大致可以分爲以下三種類型：

第一類：霧裡看花型

即聲稱自己所說的謊話並非真的謊言，而只是一個笑話、一種誇張或一種想像，或者聲稱自己所說的謊言僅是自己的一種猜測，使人難以辨別真實與虛假。這類型的說謊者在給自己找藉口時會說：

「哎喲，我真不是故意的，以後我不會再這樣了。」

第二類：事出有因型

即辯解自己儘管說了謊話，但完全是不得已而爲之，不應爲此所導致的後果負責任。說謊者會聲稱自己從未想過要詆毀某人、某事，是對方的理解有誤，或者辯稱自己在措辭上不夠明確或不夠清楚，以致對方沒有理解它們的本意；或者辯稱「仁者見仁，智者見智」，對方把他的話朝別的意義上去理解，是對方自己弄錯了。

這類型的說謊者在給自己找藉口時，爲了使自己的藉口更加可信，也會順便爲別人講兩句好話。

第三類：冠冕堂皇型

即爲謊言提供道德理由。在這類藉口中，說謊者承認自己說了謊，也承認應負責任，但提出各種合乎道德的理由，來表示該謊言在某種特定情形下是具有合理性的，因此他不應該爲此受到責備。在這類藉口中，最爲常見的形式是爲別人著想，不願意損害別人的利益或不想讓別人瞭解實情後傷心難過。因此，他們撒謊，意在避免給對方造成傷害。所以他們不僅不應該遭受責罰，反而應該受到尊重。

這種說法在說謊者眼中比其他藉口更具有說服力，因為它表示說謊是出自善意。即便他們的謊言對別人造成了傷害，也不過是出於「始料未及」、「考慮不周」。這類說謊者在為自己的謊言找藉口時，總是表現出一副菩薩心腸，為謊言帶來的不良後果捶胸頓足，甚至聲淚俱下，悔不當初的樣子，以強化別人的信任。

然而，令說謊者沮喪的是，藉口說穿了仍然是藉口，無論他們以為自己的藉口具有多麼充分的合理性和說服力，無論他們多麼善辯，這些藉口多數仍會讓人質疑。一方面是因為這些藉口是說謊者提出來的，而不是由受騙者提出來的；另一方面是因為他人也有作為說謊者的經驗，他人清楚地知道不管藉口多麼美麗，終究是在為不光彩的謊言開脫。

其實，說謊者心裡也清楚，尋找藉口本身就是一種逃避道德譴責和避免「信譽危機」的無奈之舉。因此，說謊者在提出種種冠冕堂皇的藉口時，自己心裡也七上八下，擔心受騙者能否相信和原諒他，自己能否將謊言自圓其說，以期把損失降到最小。

眼睛是台測謊儀

「媽媽，我說的都是真的。」

「好吧，那你看著我的眼睛再說一遍。」

生活中，當母親懷疑孩子說謊時，母親時常用這種辦法來對孩子進行測試。在識破謊言的試驗中，大多數人都會注意說謊者的眼睛，看說謊者是否直視自己。持續長久和躲躲閃閃的目光接觸都是對方在說謊的重要標誌。

一般來說，謊言研究學者認爲：迴避目光交流，或是低頭不看對方，或是明顯地把頭偏向一側，說明這個人不坦誠。這種說法是有一定道理的，說謊者也許不會與你對視，他擔心這樣會增加不安感，於是眼睛就會四處張望，目光游移不定。

確實，如果一個人撒了謊，他在與別人對視的時候，心裡必然緊張，然後就反應在眼睛裡。所以，說謊者會本能地轉移視線，以消除緊張感。

但眼神的判斷，有時候也不是那麼準確。有些善於玩弄權術的狡詐者，在說謊時眼睛仍然緊緊地盯著對方，顯得從容不迫，遊刃有餘。經常說謊的人也能做得很漂亮。因此，眼睛與對方保持「膠著」狀態的人，並不總是誠實的。

關於如何從眼睛中辨別謊言，這裡有一個絕招。無論說謊者的演技多麼高超，他也無法掩蓋這一點。人的瞳孔會隨著情緒的變化而相應的放大或縮小。瞳孔的這種變化是人無法控制的，因此只要我們留意觀察對方的瞳孔，就能斷定他是否在說謊。

卡莫在外國被員警逮捕，沙皇政府要求引渡他回國。但回到俄國的他無疑將面臨死刑，於是他裝成瘋子，企圖以此逃過懲罰。他的演技讓許多有經驗的醫生上當受騙，最後他被送到德國一個著名的醫生那裡進行鑑定。

這位專家的最終試驗，是把一根燒紅的金屬棒放在他的手臂上。卡莫忍受著巨大的疼痛，沒有露出任何痛苦的表情，但是他的瞳孔放大了。老專家看到了這一點，完全明白了他不是喪失了知覺的瘋子，而是一個正常人。

除此之外，眼神的方向也能幫助識別謊言。

眼神的方向顯示了大腦的不同部位在活動，幾乎不可能作假。大多數慣用右手的人在回憶時，使用左腦，眼睛望向右側；編謊話的時候，用右腦，眼睛望向左側。簡單來說，慣用右手的人說謊時向左看、左撇子說謊時向右看，這個動作是識別謊言的重要信號。

觀察他的臉部表情

狄德羅說過：「一個人，他心靈的每一個活動都表現在他的臉上，刻劃得非常清晰和明顯。」因此，當一個人撒謊之後，他的表情極有可能出賣他。

臉是人際交往時最引人注目的部位，喜怒哀樂的變化和生理健康狀況都可以直接反映在臉部表情上。臉部表情可以說是一種「世界語」，語言不通時可以借助表情傳遞資訊和交流情感。情緒幾乎是自動地啓動臉上的肌肉活動。因此，謊言也會在臉上有所表現。

所以，要識破謊言，「察顏觀色」不失爲一個可靠的方法。

三國時候，有一次劉備接待一位客人，二人相談甚歡。這時，諸葛亮突然走進來，客人見他來了，馬上起身上廁所。

劉備對諸葛亮誇獎客人，而諸葛亮卻說：「我看這人臉上眉飛色舞，而神情似有所畏懼；眼睛看著低處，眼珠子卻四處亂轉；外形露出了奸心，內裡包藏著邪念。我看此人十分可疑，極有可能是刺客。」劉備急忙派人去緝拿，可是，那人已經翻牆逃走了。

諸葛亮果然機智過人，一眼就能看透人心。為了辨別真偽，我們也有必要掌握一點「察顏觀色」的技巧，練就幾招識人術。

通常，人的臉頰的顏色會隨著情緒的變化而產生相應的變化。其中，最明顯的是變紅和變白。

人們最常見的臉頰變紅經常出現在害羞、羞愧或尷尬等情形中，臉紅也是憤怒的表示，憤怒時，臉頰暫態轉為通紅而不是由臉頰中心慢慢擴散開來。當憤怒中的人們想極力抑制自己的怒氣和克制自己的攻擊性衝動時，其臉頰膚色會變得蒼白，當人們驚駭時，臉頰膚色也會變得蒼白。

臉頰膚色的變化是由自主神經系統造成的，是難以人為控制或掩飾的，但他所要隱瞞的也可能正是羞愧或驚恐本身。

另外，表情的時間長短也可反映出說謊的印跡。它具體包括以下三個方面：表情的停頓時間、起始時間（表情開始時所花的時間）和消逝時間（表情消失時所花的時間）。

停頓時間長的表情很可能都是假的，比如十秒鐘或十秒鐘以上的時間，甚至是停頓五秒鐘的表情也可能是不真實的。除了那種極其強烈的情緒感受，比如欣喜若狂、勃然大怒、悲慟欲絕等之外，自然的表情都不會超過四～五秒鐘。而且，即使是非常激動的情緒，其表情也不可能持續太久。只有象徵性表情和嘲弄式表情是長時間地存在著的。

表情的起始時間和消逝時間的長短是沒有固定標準可言的，如果驚訝的表情是真的，則可能起始時間、停頓時間與消逝時間都很短，加起來還不到一秒鐘。

可以說，臉部是說謊者最容易作僞的部位。這給判斷一個人是否有誠意帶來了麻煩，因爲研究顯示，有信任感的聽者更多地注意說話者的臉部及其表情，而不是身體的其他部位。既然臉部最難揭露騙局，那麼，作爲一個持懷疑態度的聽者，你應該更多地注意說話者的聲音、眼睛和手勢。

據專家評估，人的表情非常豐富，大約有二十五萬種，而左臉的表情往往較右臉更豐富。心理學專家曾用高速攝影機拍攝人臉部的喜、怒、哀、樂表情，發現表情的變化從左向右移動。這是因為左腦掌管思維和語言，支配人體右半側；右腦掌管感情和視覺，支配人體左半側，所以，多數人左半臉的表情機敏、豐富。

儘管騙子很懂得心理學，又很會演戲，巧舌如簧，能把稻草說成金條，偽裝得幾乎滴水不漏，但是，假的畢竟是假的，只要你注意觀察，細加分辨，就會發現即使是他們精心編織的謊言，也仍有大量的破綻和堵不完的漏洞，任他怎麼遮掩也遮掩不住。

識破謊言的另一個原則就是認清對方的目的，弄清了他的目的，任他變換什麼花招，我們都可以應付自如而不至於上當受騙。

強裝的笑臉，說謊的跡象

有研究顯示，一個人在說謊時很少會笑，即使笑了，也是強裝笑臉。

怎樣區別真心的笑容和僞裝的假笑呢？真正發自內心的笑，眼睛周圍會堆起皺，而強裝的笑臉則不會有臉部肌肉的配合，看起來十分生硬。雖然發出了笑聲，但眼睛絲毫沒有笑意，這是典型的假笑。

因爲眼睛裡的笑意是發自內心的，沒有人能裝得出來。那麼，爲什麼很多人在說謊時都裝出笑嘻嘻的樣子呢？唯一合理的解釋，就是笑臉是裝出來的，目的是爲了迷惑對方，隱瞞謊言。誠實人的笑是無所顧忌的，同時具有感染別人的力量。

而說謊者在認爲自己需要裝出笑臉時，他的笑就不是發自內心的，從中我們就可得出結論：他在說謊。

有幾個途徑可以識別假笑：

首先，發自內心的笑會使眼角起皺，而裝出來的笑無法牽動眼角的肌肉，即使牽動了也是僵硬的，而且轉瞬即逝。

其次，假笑能保持特別長的時間，因為假笑缺乏真實情感的內在激勵，所以很難知道其何時結束，而且，常常有眼睛和嘴部、臉部表情與肢體動作不一致的情況發生。

再次，對於大多數表情來說，突然的開始和結束就表示人們在有意識地運用這種表情。最後，假笑時，兩頰的表情常常會有些不對稱，習慣於用右手的人，假笑時左嘴角挑得更高，習慣於用左手的人，右嘴角挑得更高。

一個偽裝的笑容，很容易與真實的笑容區別開來。偽裝的笑容常常與說話的內容、說話的節奏以及說話時的手勢不吻合，裝出的笑臉往往顯得比較僵硬，不生動。比如當你的丈夫謊稱出差回來，在描述旅途艱辛時向你一笑，你應當馬上捕捉到其中的破綻。當他笑的次數大大多於平日時，很可能是在掩飾。

你問他，他的新產品展示會進展如何，他笑著對你說：「好極了！」看來展示會進行得並不盡如人意，因為真心的笑容，眉毛是隨著咧開的嘴角而不揚的。

除了專業的演員，一般的說謊者都很難在笑容上抹去撒謊的痕跡，只要留心觀察，你一定能找到破綻。

從手勢看他是否在說謊

行爲心理學家認爲，世界上沒有看不穿的謊言，說謊是一種複雜的行爲，要做到讓人相信，需要動員全身的器官共同「演戲」。一般來說，無論一個人的說謊技術如何高明，他的肢體都會「出賣」他。因此，善於觀察的人，留意說謊者的動作，就可以判斷他是不是在說謊。

美國前總統尼克森被迫下台之前，議會對「水門事件」展開了調查，當時他正在國會接受審問，在審問期間，人們驚奇地發現，他經常會出現一種非常明顯的慣性動作——老是不斷地用手觸摸自己的臉頰及下巴。

因捲入「洛克希德賄賂事件」被迫下台的日本首相田中角榮，也有類似的舉動。當他小心翼翼地反駁別人的攻擊時，會不自覺地拿手帕拭汗。

心理學家指出，手勢在很多時候是一種無意識的動作，能較爲真實地反映說話人的心理狀態。如果你的交際對象在你面前做出如下幾種動作時，你要留心了，他很可能正在撒謊。

一、捂嘴巴

一個人說話時以手或拳掩口，很可能表示他正在說謊。

二、摸鼻子

這是一種由掩嘴巴轉化而來的，做這個動作來掩飾一般表示說謊者比較老於世故的掩飾動作，有的是輕輕在鼻子下方擦幾下，也有的是用幾乎看不見的細微動作，很快地觸摸。

三、揉眼睛

說話時揉眼睛或者向某人說謊時避免注視對方的臉，這是一種防止眼睛洩密的方式。如男人常常會用力揉眼睛，假如是撒個彌天大謊，他還會把視線轉往別處，通常

是望著地下；女人則多半在眼瞼下方輕輕摸一下，也許是怕把眼睛的妝弄花了。

四、搔頸

右手的食指搔搔耳垂下邊的頸部，也代表說話者正在說謊。心理學家對這種姿勢進行了觀察，發現了一個很有趣的事實：說謊的人搔頸次數很少低於五次。這種姿勢也許是懷疑或不能肯定的信號，表示那人正在想著：對方是否相信我所說的話。

五、摸耳朵

這是一種比較世故的動作。好像是不經意的動作，但實際上是在掩飾自己內心的不安。除了摸耳朵之外，也有人會揉耳背、拉耳垂或把整個耳朵拉向前面掩住耳孔。

六、拉衣領或拉鍊

在交談的過程中，如果你看到對方好像不經意地拉了一下衣領，你就需要長點心眼了，以沒有聽清楚爲由，請他再重複一遍對你說過的話。如果對方以前說的是謊言，那在接下來的重複回答中會出現支支吾吾、前言不搭後語的現象。這時，你再觀察一下對方的神態，對方是不是在撒謊，你就能判斷個八九不離十。

美國的研究家們曾用角色表演的形式，考察那些對病人的病情故意撒謊的護士。考察結果顯示，說謊的護士使用這些手勢的頻率遠遠超過對病人講實話的護士。由此可見，當人們撒謊時，他們的手勢便會隨之顯示出一種下意識的無聲信號。留意這些信號，你會更懂得區分真話和謊言。

從坐姿看透他的心

一個人的坐姿往往可以反映出他心理狀態的資訊。坐姿是由身體各部分共同配合形成的一種狀態，可以作爲獨立的非語言行爲來解釋。

當人感到緊張或焦慮時，會向門口和窗戶的方向傾斜身體或者雙腿不斷拍打地板，想馬上擺脫或離開對自己不利的環境；在他人面前猛然坐下去的人，表面看上去不拘小節、隨隨便便，但他的內心一定是煩躁不安的。

喜歡與人對坐或並排坐著的人，是由於他希望能夠得到被人的理解或認同，而且有意識地從並排坐改爲對著坐的人，或是對你抱有疑惑，表示其對你有了新的興趣。

喜歡側身坐的人，表示此人此時心情舒暢，覺得沒有必要給他人留下什麼特別的印象。

把椅子反轉，椅背朝前，雙腿叉開，跨騎在椅子上的人，表示其正面臨言語威脅，對談話內容感到厭煩，或想壓制他人談話中的優勢，而表現出的一種防衛行爲。

斜躺或深深坐入椅子內，腰板挺直、頭高昂的人，是在顯示他心理上的優越感。

把身體盡力蜷縮成一團，雙手夾在大腿中的人，則表示他在心理上是自卑和缺乏自信的。

正襟危坐、目不斜視的人，表示他力圖給別人留下一個好印象，或此刻其內心很安然和坦蕩。

喜歡蹺二郎腿的女性，要麼是對自己的容貌有信心，要麼是想引起別人的注意。

由此可見，不同的坐姿會表現出不同的心理動向，只有讀懂這些非語言行爲背後的含義，才能夠洞悉別人內心深處真正的感受和想法，做到知己知彼、靈活應變。

從詞彙和話題看破他

人們常說「到什麼山上唱什麼歌」，比喻在不同的場合說不同的話。所謂不同的話，包括除了場合不同外，人們在不同心態下所選擇的詞彙和話題，往往也是不同的，所以從詞彙和話題中也可窺見說謊的蛛絲馬跡。

第一，不同的職業和文化背景，所選用的詞彙和話題是不一樣的。

如果有人在談吐中不時冒出「ＩＴ」、「伺服器」、「記憶體」一類的詞彙，那麼基本可以斷定，此人從事ＩＴ業或與其相關的職業。如今的騙子在編造謊言時，往往會把自己包裝成什麼「官二代」、「富二代」、「海外投資專家」等，如果他們的詞彙和話題總是和他們扮演的角色對不上，就應該引起懷疑了。這時，只要你抓住一、兩個關鍵問題，「打破沙鍋問到底」，對方就容易心虛，要麼嘲笑你沒見識，要麼避重就輕，搪塞過關，這時你就可以判斷，對方十有八九在說謊。

第二，人們在不同的心態和情緒下，所用的詞彙和話題也會有所差別。

心理學家曾做過一項實驗：把某人使用的詞彙中表示肯定的部分和表示否定的部分加以比較，即可推斷此人目前的心態和情緒。比如，某人近來談話中總是抱怨「惡劣」的氣候、「乏味」的電視和「擁擠」的交通等，那麼可以斷定此人近來心情不會太好。

同理，如果總是在談論過去或未來就是避而不談現在，那麼此人目前的狀況恐怕也不會太好。騙子一般在說謊時，爲減輕內心的負罪感，常常會起勁地抱怨天氣、抱怨交通、抱怨公司，似乎這樣一來可以減輕他說謊的罪惡，讓別人感到他所說的謊是情非得已；二來可以掩飾自己的謊言，使其不被揭露。

第三，一個人關注的重點不同，也會選擇不同的詞彙和話題來表達。

比如，如果一位生意人經常嘮嘮叨叨地提到醫院，那麼可以斷定，要麼他患有嚴重的疾病，要麼他心中一定有關於疾病的焦慮，這種焦慮一直潛伏在他的心中。在辨別謊言時掌握這一規律，可以探求對方心中究竟在想什麼。

第四，詞彙和話題還與人格和追求有關。

心理學家研究發現，凡是有所追求的人，對與所追求的事情有關的話題，則格外熱衷；反之，則可能毫無興趣。比如球迷、棋迷，說起球、說起棋往往頭頭是道。但如果一扯到別的話題，很可能是一言不發。如果一個人說的話與他展示的身分、職業不符，則此人很有可能是騙子。

言爲心聲，語言是思想的反映，從一個人的談話中就能分析出他的所思所想，除上述說到的內容外，從談話人的語氣、語言習慣、邏輯關係等，也可以分析出一個人是否在說謊。

謊言往往這樣開頭

說謊一般都有目的性，爲了達到目的，他們也在不斷地總結「經驗教訓」，看用什麼樣的方式，更易讓謊言得逞。經過長期的摸索和總結，他們形成了比較完整的說謊套路，他們發現用以下方式說謊時，極易贏得人們的信任。

一、貶低自己

這樣做會有許多好處，一是可降低對方的防範意識，二是符合社會傳統觀念，可讓對方產生「此人很虛心」的信任感。

因此，高明的說謊者並非總是大吹大擂，而是一副謙謙君子的樣子，聲稱自己「幫不了什麼大忙，只能幫這麼一個小忙」，待取得對方的信任後再開始「大動作」。

二、假話和真話混合說

高明的說謊者都知道，在「推銷」謊言時，往往是需要講一些真話的。真話是假話的「廣告」，是引出假話的「引子」。

例如，醫生明明知道病人得的是無藥可治的絕症，在講了一些病人的真實病況後，卻引出一個聞所未聞的進口藥，聲稱此「藥」可治此病。這種真真假假、假假真真的話語，讓人辨認起來更難分清哪句是真，哪句是假。

三、贏得對方認同，拉近雙方的距離

要讓謊言被對方接受，最好的辦法之一就是讓對方先接納自己。盡一切可能去「套關係」，那只是低級騙子的伎倆，高明的騙子一般不會這樣直接。

據媒體報導，有一位男明星在面對媒體時，滔滔不絕地談論他小時候如何受苦，他是如何奮鬥掙扎，他又是怎樣受經紀人的氣……一下讓大家感到「他也真不簡單」，不知不覺地拉近了雙方的距離。

而後來有人揭露，這位男明星所言全是根本不存在的謊言，都是為了獲得歌迷的認同感而憑空捏造的。

四、摸清對方心思，解除對方的顧慮

推銷商的思維總是快人一步，比如一些房地產推銷員，會主動說「您可能會問合約會不會有假」、「您一定想知道我們的建築品質」等一系列顧客關心的問題，然後再用準備好的台詞一項項打消顧客心中的疑慮，但實際上推銷的仍有可能是一些僞劣產品，而顧客卻早已被他「想顧客所想」的精神打動了，不上當才怪。

五、主動亮出自己的「私心」

高明的說謊者深諳人的心理，常常會主動亮出自己的「私心」——當然，他亮出的只是一個假的「私心」或小的「私心」，而真的「私心」或大的「私心」，他是不會說的。

比如，一位導遊會主動告訴遊客，到所謂的「免稅商店」買東西，他是有回扣，但僅是區區二%，即遊客買一百元貨，他才得兩元。遊客們聽了覺得這位導遊爲人「誠實」，兩元又的確微不足道，不由產生了信任感，到了免稅店大買特買。

其實，這位導遊拿到的真正的回扣超過了二十%。這種謊言利用的是人們「以誠相待」的心理，即騙子用小「誠」來換你的「大誠」。

六、虛張聲勢，用別人不知道的資訊壓倒對方

一位說謊者等對方談完他對一位剛上任的新市長的瞭解後，拋出一顆「重磅炸彈」——「我和市長不是很熟，但和市長夫人比較熟，我和她曾經是同事。」一下子就在氣勢上壓倒了對方，再往下行騙就方便多了，因爲對方已對騙子產生了一種敬畏感。其實，他根本就不認識新市長的夫人，這只不過是騙子「無中生有」的花招罷了。

七、用客觀的語言

高明的說謊者往往會「推心置腹」地向你拋售他的謊言。他會很客觀地分析這件事對你有什麼利弊，對他有什麼好處。在談這件事時，他會站在第三者的立場上，用一種極客觀的語言，不知不覺之中，你就沒辦法獨立思考了。

騙子年年有，騙術也越來越高超，但追本溯源，世上所有的騙子無一不是利用人

們想走捷徑，謀取各式各樣利益的心理而得手的；同時，又無一不是利用人們的「無知」而得逞的——這裡所指的「無知」，有的是缺乏社會經驗，有的是缺乏專業知識，有的是缺乏相關的資訊，有的是缺乏自我保護的意識，那些騙子正是利用了這些機會才屢屢行騙成功的。

真意總是在言外

俗話說：「鑼鼓聽聲，說話聽音。」說謊的人絕不會直接告訴你他說的是謊言，而會想盡辦法讓你相信他說的是實話。例如，他們會說「坦白地說」、「說真的」、「老實說」這些詞來提高自己的信譽度，讓別人相信自己，但事實上他們並沒有那麼誠實、真誠和坦率。

「老實說，這是我能給出的最優惠條件」，但事實上他想表達的意思是「雖然條件並不是最優惠，但也許我能讓你相信這是」。

「毋庸置疑」，就是有理由懷疑，「毫無疑問」更是個值得提高警覺的詞。

「相信我」通常意味著「如果我讓你相信，你就會按我的想法去做」。一個人試圖說服別人時，使用「相信我」的頻率和他說謊的程度成正比。如果講話人覺得你不相信他，或者他所說的缺乏可信度，他會總把「相信我」掛在嘴上。「真的」、「不騙你」這些話也是一樣。例如，男人移情別戀了，當他面對女友的質問時，通常會這樣說：「相信我，我是真的愛妳，我和她是普通朋友。」

有些人會用「只」來降低後續語句的重要性，以便事與願違時減輕自己的內疚，或推卸責任。說「我只佔用你五分鐘時間」的人，經常拿時間不當回事，有的實際上想佔用你一個小時。

建築商在賣房子時通常會做這樣的宣傳「頭期款只需要十萬元，輕輕鬆鬆住新房」，是想讓你相信價格便宜得不值得計較。

「我只是個普遍人」，是那些不願意承擔責任的人典型語言。當你聽到某人說「只」的時候，你要考慮一下爲什麼他要降低他講話內容的重要性。是因爲對所說的缺少自信，還是避免承擔責任？把「只」這個詞和他說的前言後語聯繫起來仔細推敲一下，就可以找到答案。

老是無法完成任務或把事情搞砸的人經常會說「我儘量」，這是讓自己免於承擔不能勝任工作的責任。當某人被要求忠實於某段感情時，他回答「我儘量」或「我盡力而爲」，這預示分手即將來臨。這些說法的潛台詞是「我懷疑自己是否有能力兌現承諾」。

當失敗不可避免時，他會說「我努力過了」，這證明他不願講真話，更不願意對事情的結果負責。如果他用「無意冒犯」和「完全無意冒犯」這些字眼，意味著他對聽者並不尊重或者毫無敬意，甚至蔑視。例如，「我欣賞你的觀點，我無意冒犯，但請允許我說，我並不贊同」，這是兜著圈子說話，真實的意思是「你說的是一堆廢話」。

但是，以上這些說法並不意味著百分之百在說謊，還要結合語境來判斷。遇到這樣的情況，你就要察覺其中隱含的資訊，才能摸透他真正的心思。

毫無疑問，我們是需要「言外之意」的。畢竟在很多時候，說話不能太直接、太明瞭。比方說，批評人，你不能傷了人的自尊；給上司提建議，你不能讓人覺得你比上司高明；事情緊急，但涉及商業機密，使用只有你的親信才能明白的「暗語」是最好的選擇……

齊威王時，齊國有個辭令家叫淳於髡，這個人滿腦子都是巧妙地比喻。

當齊國開始振興了，楚國卻來侵犯，齊威王決定派能言善辯的淳于髡去趙國搬救兵。他讓淳於髡駕上馬車十輛，裝上黃金一百兩。淳於髡見了放聲大笑，連繫帽子的帶子都笑斷了。

齊威王就問：「先生是嫌這些東西少嗎？」

淳於髡說：「我怎麼敢嫌少呢？」

齊威王又問：「那你剛才笑什麼呀？」

淳於髡說：「大王息怒，今天我從東面來時，看見有個農民在田裡求田神賜給他一個豐收年，他拿著一隻豬蹄和一罈子酒，祈禱說：『田神啊田神，請你保佑我五穀豐收，米糧滿倉吧！』他的祭品那麼少，而想得到的卻是那麼多。我剛才想到了他，所以忍不住想笑。」

齊威王領悟了淳於髡的隱語，馬上給他黃金一千兩，車馬一百輛，白璧十對。淳于髡於是出使趙國，搬來了十萬精兵。趙國聞訊，立即撤兵。

淳於髡是個聰明人，他沒有當面指出齊威王做法的不妥，而是用了一個小故事暗示齊威王，以便齊威王明其意，最終搬來救兵，使齊國免於危難。

爲了能夠敏感地聽懂別人言外的話，必須養成這樣的習慣：當你聽別人說話，或者是你在和別人對談時，你要自問：「他爲什麼要這麼說？」「他那句話中的『弦外之音』是什麼？」

與人談話時，如何才能更好地聽出對方的弦外之音呢？孔子說過，要聽其言而觀其行。首先，要聽其言義。聽並不是一種簡單的行爲，而是一種本領、一種智慧。說話者總是從一定的角度來表達他的思想。會聽的人能夠抓住說話角度這個關鍵，發現其中的異常因素，進而明白他的真正意圖。

人們對於不好明說的事情，經常會換個角度含蓄地表達出來。而這個角度的改變其實都沒有脫離事物本質，所以你不要以爲對方離題，只要你結合場合來分析對方說的話，就很容易悟出對方的意圖。

其次，要觀其行。人們有時候礙於面子難免會說些違心的話，這個時候表現出來的就是言行不一，你只要注意觀察他的具體行爲，就能瞭解其內心的真實想法，使自己掌握主動。

聽懂別人的場面話

現代社交場上，「場面話」隨處可見。「場面話」是一種生存智慧，人際交往中的人都會說。然而對這些「場面話」你千萬不能當真，不然，上了當還鬧笑話。

阿峰在一家公司上班，多年沒有升遷，企業效益也不太好。於是透過朋友幫忙，結識一位經管調動的主管，希望能調到別的單位。

那位主管表現得非常熱情，並且當面應允，拍胸脯說：「沒問題！」

於是阿峰高高興興地回去等消息，誰知兩個月過去了，一點消息也沒有。打過電話去，對方不是不在就是「正在開會」；問朋友，朋友告訴他，那個位子已經有人捷足先登了。

他很氣憤地說：「可是他對我拍胸脯說沒有問題的啊！」

他的朋友也不知如何回答才好。這件事的真相是：那位主管說了「場面話」，阿峰卻當了真。

什麼是「場面話」？簡言之，就是讓人高興的應酬話。既然說是「場面話」，可想而知就是在某個「場面」才講的話。這種話不一定代表你內心的真實想法，也不一定合乎事實，但講出來之後，就算別人明知你「言不由衷」，也會感到高興。從性質來說，場面話也是一種謊言。

聰明人懂得：「場面之言」是日常交際中常見的現象之一，而說場面話也是一種應酬的技巧和生存的智慧。所以對場面話千萬不要較真，更不要當真；否則，輕者傷了和氣，重者讓自己處境艱難。

比如，當面稱讚人的話。諸如稱讚你的小孩可愛聰明，稱讚你的衣服大方漂亮，稱讚你教子有方等等。有的說的是實情，有的則與事實有一定的差距。遇到這種情況，要理性地對待，既不要否定對方說的話，也不要沾沾自喜，禮節性地微笑一下，說聲謝謝就可以了。

又如，當面答應人的話。諸如「我全力幫忙」、「有什麼問題儘管來找我」等。這種話有時是不說不行，如果當面拒絕，場面會很難堪。如果對方纏著不肯走，那更是麻煩。所以用「場面話」先打發，能幫忙就幫忙，幫不上忙或不願意幫忙再找理由。故而，有「緩兵之計」的作用。所以，「場面話」不可輕信。

對於稱讚或恭維的「場面話」，你要保持冷靜和客觀，千萬別因別人兩句話就樂昏了頭，只有不要一味地認爲自己遇到了貴人、救世主。其實真正能幫忙的只有你自己，即便是別人幫了你，也是因爲他認爲你值得幫。

對於拍胸脯答應的「場面話」，你不要太過當真，以免希望越大，失望也越大；只能「姑且信之」，因爲人情的變化無法預測，你既測不出他的真心，只好以最好的期待，做最壞的打算。要知道對方說的是不是場面話也不難，事後求證幾次，如果對方言辭閃爍、虛與委蛇，或避不見面、避談主題，那麼對方說的就真的是「場面話」了！

所以對這種「場面話」，也要保持頭腦清醒，否則可能會壞了大事。總之，作爲一種生存智慧，「場面話」往往被蒙上了模棱兩可的神祕面紗，這種話是否真實要根據自己的感悟能力去辨僞去妄，切不可偏聽偏信，誤入歧途。

測試 你看人的眼光有多準？

某天你突然接到一個陌生女人的來電，她說自己被一個犯罪集團綁架，好不容易才撥通了這通電話，現在你是她唯一獲得解救的希望。此時你會認爲？

A、相信她的話，並會按照她所說的幫她解圍

B、這絕對是個無聊的惡作劇，立即掛斷電話

C、很好奇，抱著試一試的心態，照她所說的做

D、半信半疑，不知道如何是好，乾脆將電話交給其他人接聽

測試結果：

♠選A：

你看人的眼光不是很準，很容易被眼前所見蒙騙。因爲你很善良，所以對任何人

都不會抱懷疑的態度，在你的眼中，除非是真正傷害過你的人，否則你都會將對方歸類爲好人。你應該加強判斷力，這樣才能結識真正的朋友。

♠選B：

你看人通常都不會走眼，因爲你有很強的第六感。和人相處都無須用太多的言語，單憑自己的感覺就能大概瞭解對方是一個什麼樣的人。除非是在你情緒不穩定或者有心事的時候，頭腦會變得比較混亂，才容易出現錯誤的判斷。

♠選C：

你是個很有眼光的人，因爲你的分析洞察力特別強。通常只要你和對方交談兩句，彼此再透過眼神交流，你就知道對方是好是壞。即使演技高超的人，在你面前也難以掩飾他的拙劣。但你也有感情用事的時候，此時雙眼就容易被情感蒙蔽。

♠選D：

其實，你是個很有品味的人，也有不錯的識人眼光，只是自信不夠，對他人也不夠信任。所以一旦周圍有人說對方的不是，對方的形象便會在你的心中動搖，因此也容易失去一些值得結交的朋友。

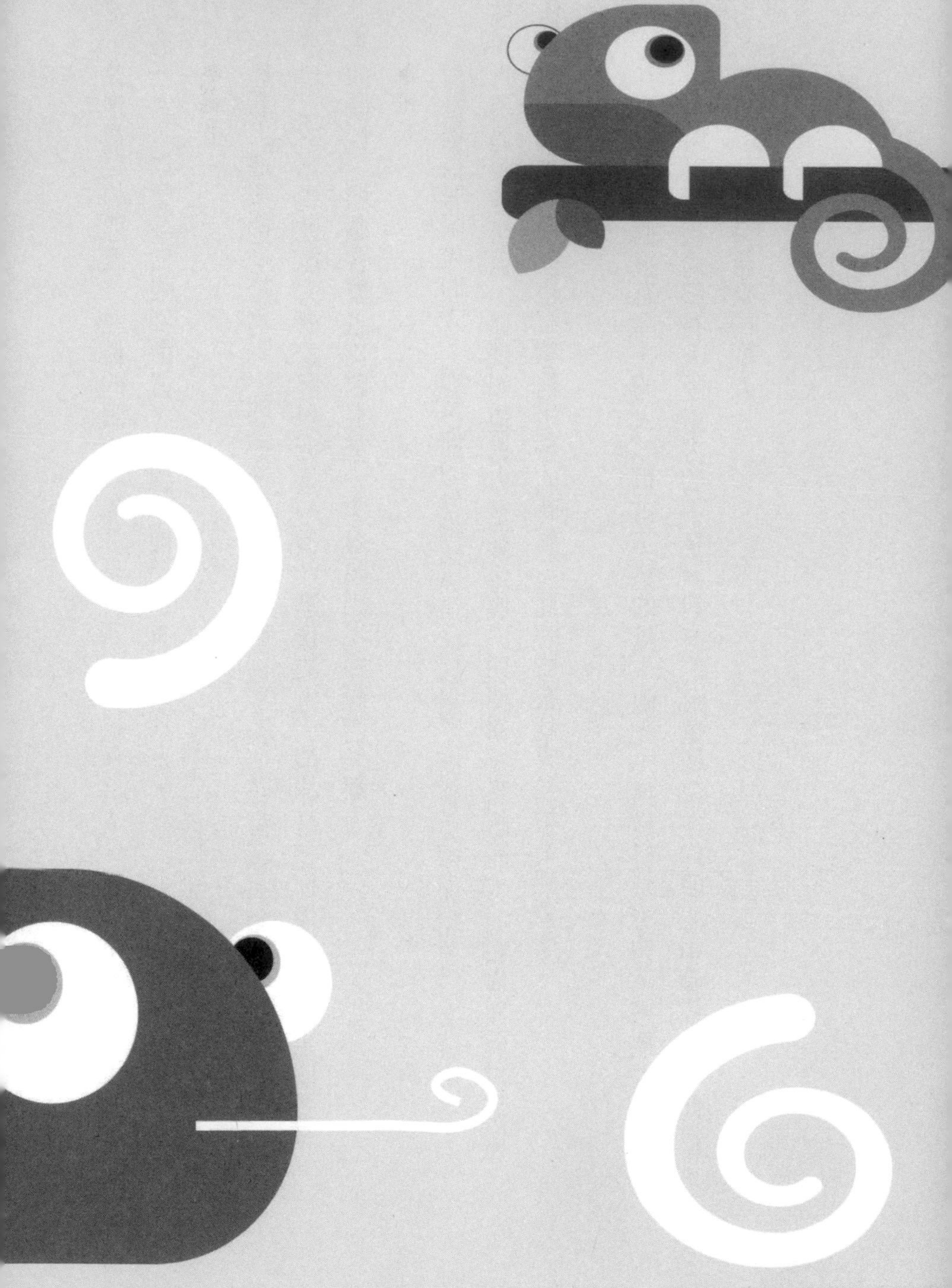

2

學幾招破謊術

堵住說謊者的嘴

謊言可能有一千張面孔，但它卻只有一個身軀：欺騙。要擺脫受它欺騙的局面，唯一有效的辦法就是撕開其僞裝的面孔，讓它虛假的面目暴露出來。

當一個人用惡意的謊言來與我們相處的時候，他事實上已經開始對我們造成傷害了，不管他的謊言是否達到了目的，即使他現在尚未造成傷害，他下一步必定是；下一步沒有，最終目的一定是的。既知對方的所作所爲都是爲了引我們上當，我們不等他動手便搶先堵住他的嘴，再厲害的謊言也發揮不出效力。

比如，一個商人向我們推銷劣質商品，他一開始可能並不向我們直截了當地推銷商品，而是不經意地同我們扯一些無關緊要的話，或者談論一些我們關心的問題。我們對他產生信任後，他就趁機把劣質商品推銷給我們。

識破謊言必須具備堅定的意志不能動貪心，否則，謊言仍然會突破你的防範使你突然蒙受損害。

識破對方的謊言後，應時刻對他保持戒備，不管他說什麼、做什麼，你都只當在看表演，即使他說的是真話，也要對他真話背後的動機多考慮幾番。有的人會用虛虛實實的方法誘你上當，在假話中摻雜真話，在真話中夾雜假話，真真假假，讓你分辨不清，他就趁機大行其騙術。尤其是那些有意向你暴露自身弱點的人，往往就把這當作造謊的第一步。

電影中經常有這類鏡頭，一個油頭粉面的花花公子在向自己心儀的女子表白時說：「我既沒有錢又沒有地位，但是請妳相信，我對妳的愛比任何人都深……」這話雖然暴露沒有財富、沒有地位的弱點，但同時也強調了自己感情的珍貴，一旦女孩子爲這甜言蜜語所動，一部令人心碎的愛情悲劇便拉開了帷幕。

還有一種騙子他們故意把自己說成是流氓、詐騙犯、逃犯，按照常理，大家都認爲這樣的壞人絕不會承認自己的身分；而如此坦率承認自己是壞人的人，則一定不是壞人。於是，又一個騙局設置成功。這種方式在商業談判中也常常見到，他們採取低姿態，消除你對他們的警戒和不信任。

被稱爲「美國商業大王」的C・N・哈頓說，商談的技巧就是「使對方不停地說『不』！」因爲每個人心裡都想否定對方的意念，交涉中不斷提出不利於自己的條件，並使對方說不，久而久之對方自然失去戒心，而逐漸對你產生信任，接下來的談判就可順利進行了。

除了上面講的兩種「自報其醜」的方式，我們常看到不少喜歡給自己塗脂抹粉、樹立威望的人。事實上，這一招就是胡編亂造以蔽人，或嘩眾取寵引人注目。如果這些噱頭只是用來逗人一樂，也就罷了；但很多人並不止此，他們用這種手段博取他人信任，換取支持，以此沽名釣譽，對付這種人的最好辦法，就是無情地揭穿他的謊言，使他威嚴掃地、身敗名裂。

俗話說：「烏雲遮不住太陽，雪堆埋不住屍體。」謊言終究是謊言，無論它多麼巧妙、精采；無論它把一個人裝扮得怎樣榮華富貴、冠冕堂皇，假的就是假的，只要一揭穿它，它就一文不值。如果你發現對手用謊言包裝自己，你只要揭穿他的謊言，就取得大半勝利再乘勝追擊，他肯定會現出原形。

釜底抽薪的論證法

說謊者編造的謊言必定是虛假的，透過論證對方論據的虛假，就可以識破對方的謊言。

從事實的邏輯關係來說，論點來自論據，論據孕育論點。論據真實，則論點正確；論據虛假，則論點謬誤。所以，駁倒了論據，有如釜底抽薪，刨根倒樹，是從根本上揭穿了對方的謊言。

運用釜底抽薪揭穿謊言的技巧，在於緊扣論據與論點之間辯證統一的邏輯關係。多問幾個問題，分析一下論據之間是否有相互矛盾的地方。

美國第十六任總統林肯年輕時是一位律師，一次，他得悉朋友的兒子小阿姆斯壯被控為謀財害命，已初步判定有罪。林肯以被告律師的資格，到法院查閱了全部案卷，知道全案的關鍵在於原告方面的一位證人福爾遜。福爾遜發誓說在十月十八日晚上十一點，清楚地看到小阿姆斯壯用槍擊斃了死者。

對此，林肯在經過了全面瞭解和周密分析後，要求複審。複審中，有以下一段對話：

林肯問證人：「你發誓說看清了小阿姆斯壯？」

福爾遜：「是的。」

林肯：「你在草堆後，小阿姆斯壯在大樹下，兩處相距二、三十米，能認清嗎？」

福爾遜：「看得很清楚，因為月光很亮。」

林肯：「你肯定不是從衣著方面看清他的嗎？」

福爾遜：「不是的，我肯定看清了他的臉。」

林肯：「你能肯定時間是在十一點嗎？」

福爾遜：「充分肯定，因為我回屋看了鐘，那時是十一點十五分。」

林肯問到這就轉過身來，對著法官和旁聽者說：

「我不能不告訴大家，這個證人是一個徹頭徹尾的騙子。他一口咬定十月十八日晚上十一點在月光下看清了被告的臉。請大家想想，十月十八日那天是上弦月，晚上十一點漆黑一片，哪裡還有月光？退一步說，也許他時間記得不十分精確，時間稍有提前。但那時，月光是從西往東照，草堆在東，大樹在西，如果被告的臉面對草堆，臉上是不可能有月光的！」

大家先是一陣沉默，緊接著掌聲、歡呼聲一起迸發出來。福爾遜傻了眼。

在這裡，林肯運用了釜底抽薪的反駁技巧抓住細節、步步爲營，終於戳穿了福爾遜的謊言，澄清了事實，徹底駁倒了福爾遜的論點，還小阿姆斯壯以清白。

釜底抽薪是一招很有效的破謊技巧，通過全面、細緻地瞭解情況，分析情況，找出謊言的破綻予以致命的還擊，用確鑿的事實來反駁對方。這樣，對方精心構築的言論佈局就會因基礎瓦解而全面崩盤。

抽掉謊言的支柱

說謊者往往利用一個道具或論據來支撐起整個騙局，此時我們只要不被他表面的言語所迷惑，認真思考、冷靜分析和判斷，就能洞察他們的謊言。

燕王有收藏各種精巧玩物的嗜好。有時他為了追求一件新奇的東西，甚至不惜揮霍重金。「燕王好珍玩」的名聲不脛而走。

有一天，一個衛國人到燕都求見燕王。他見到燕王後說：「我聽說君王喜愛珍玩，所以特來為您在棘刺的頂尖上刻獮猴。」

燕王一聽非常高興。雖然王宮內有數不盡的稀世珍寶，可是從來還沒有聽說過棘刺上可以刻獮猴。因此，燕王當即賞賜那個衛國人。

隨後，燕王對那衛人說：「我想馬上看一看你在棘刺上刻的獮猴。」那衛人說：「棘刺上的獮猴不是一件凡物，有誠心的人才能看得見。如果君王在半年內不近女色，戒酒戒肉，並且要在一個雨過日出的天氣，搶在陰晴轉換的那一瞬間才能看到那棘刺上的獮猴。」

為了能看到棘刺上刻的獮猴，燕王只好拿俸祿先養著那個衛人，等待有了機會再看。有個鐵匠聽說了這件事以後，覺得其中有詐，於是去給燕王出了一個主意。

匠人對燕王說：「在竹、木上雕刻東西，需要有鋒利的刻刀。被雕刻的物體一定要容得下刻刀的鋒刃。我是一個打製刀斧的匠人，據我所知，棘刺的頂尖與一個技藝精湛的匠人精心製作的刻刀鋒刃相比，其銳利程式有過之而無不及。既然棘刺的頂尖連刻刀的鋒刃都容不下，那怎樣進行雕刻呢？如果那衛人真有鬼斧神工，必定有一把絕妙的刻刀。君王用不著等上半年，只要現在看一下他的刻刀，立即就可知道用這把刀能否刻出比針尖還小的獮猴。」

燕王一聽，拍手說道：「這主意甚好！」

燕王把那衛人招來問道：「你在棘刺上刻猴用的是什麼工具？」

衛人說：「用的是刻刀。」

燕王說：「我一時看不到你刻的小猴，想先看一看你的刻刀。」

衛人說：「請君王稍等一下，我到住處取來便是。」

燕王和在場的人等了約一個時辰，還不見那衛人回來。燕王派侍者去找。

侍者回來後說道：「那人已不知去向了。」

鐵匠用推理的方法揭穿了騙子所設的騙局，可見儘管騙子很懂得心理學，又很會演戲，巧舌如簧，偽裝得幾乎滴水不漏。但是，假的畢竟是假的，只要你注意觀察。細加分辨，就會發現，在他精心編織的謊言下，仍有大量的破綻和漏洞，任他怎麼遮掩也遮掩不住。這時只要點出說謊者的破綻，抽掉謊言賴以成立的支撐點，即可讓謊言無所遁形。

解除對方的心理戒備

正在說謊或試圖說謊的人，他們的心理一定會先武裝起來。「如何除去他的武裝」就是揭穿其謊言的關鍵所在。如果這時你正面跟他衝突，他一定會強詞奪理把你反擊回去。

例如，你對說謊者說：「你有什麼話乾脆直說好了，不用跟我兜圈子撒謊。」這樣去攻擊他，是不會產生效果的。應該在對方有些動搖的時候，找出他的弱點去攻擊他。不過，如果對方硬要堅持他的謊話，這一招就不管用了。這個時候，我們必須另想辦法使他解除心理上的武裝。我們暫且不必理會他說話的內容真實與否，只要把重點放在如何使他解除內心的武裝就行了。

這個道理就跟關得緊緊的海蚌一樣，越急著把牠打開，牠就關得越緊。如果暫時不去理會牠，牠就會解除心中的武裝，過一會兒就自然地打開了。

二戰期間，有這樣一個故事：

一次，盟軍反間諜機關收審了一位自稱是來自比利時北部的「流浪漢」。他的言談舉止十分可疑，眼神中露出一種機警、狡黠，不像農民那麼誠懇、憨厚。因此，法國反間諜軍官吉姆斯懷疑他是德國間諜，可是也沒有確鑿的證據。

在審訊的時候，吉姆斯提出的第一個問題是：「會數數嗎？」這個問題很簡單。

「流浪漢」用法語流利地數數，沒有露出一絲破綻。

甚至在說德語的人最容易說漏嘴的地方，他也能說得很熟練。於是，他過了第一關。不一會兒，哨兵用德語大聲喊：「著火了！」。

「流浪漢」仍然無動於衷，似乎真的聽不懂德語，照樣睡他的覺。

吉姆斯覺得這個人不簡單。

後來，吉姆斯又找來一位農民，和「流浪漢」談論起莊稼的事，他居然也說的頭頭是道，有的地方甚至比這位農民更懂。

吉姆斯依然沒有減少對「流浪漢」的懷疑，後來他又想出了一個新的辦法。

第二天，「流浪漢」在被押進審訊室的時候，表情更加沉著、平靜。吉姆斯假裝非常認真地審閱完一份文件，並在上面簽字之後，抬起頭突然用德語說：

「好啦，我明白了，你的確只是一個普通的農民，從現在開始你自由了。」

「流浪漢」一聽到這話，長長地鬆了一口氣，也不自覺地卸下了防備。他仰起臉，愉快地呼吸著自由的空氣，顯得十分興奮。

儘管這種表情十分短暫，但仍然沒能逃過吉姆斯的眼睛，這表情一方面暴露了他懂德語，另一方面暴露了他的偽裝，因此讓他露出了破綻。

經過進一步審訊，「流浪漢」最終承認自己是一個德國間諜。

這是一場典型的心理戰。法國軍官吉姆斯利用人的潛意識心理，忽然用德語說釋放「流浪漢」，進而解除他的心理戒備，讓他在不經意間露出得意忘形之色，暴露了自己。間諜的目的是蒙混過關，掩飾自己的身分，所以當他聽到德語說的自己將要被釋放時，以為自己的目的達到、「演出」成功了，使得自己精神放鬆、喜形於色，最終功虧一簣。可見，揭露謊言有很多種方法，像這種「解除對方戒備心理」的方法也是非常有效的。

將計就計破謊言

如果把謊言也看成是具有危害性的力量，當它們向我們施展它的危害和威力時，我們同樣可以借用中國武術中借力打人的技巧化害爲利，使謊言成爲制伏對方的絕妙手段。甚至，使自己轉敗爲勝、轉危爲安，變被動爲主動。這種辦法在戰爭和其他一些存在著激烈競爭的場合被頻繁地使用，人們把它叫做「將計就計」。

魏文侯時，西門豹為鄴令，初到轄地，免不得各處走訪。在訪問老人的時候得知這裡每年為河伯娶妻給老百姓帶來的苦難。

河伯是漳河的神，地方上管事的人串通巫婆，每年藉著要給河伯辦喜事以減少水患的名義，強迫老百姓出錢。他們每年從老百姓身上徵集數百萬錢，僅用二、三十萬為河伯娶妻，其餘的就坐地分贓。光撈錢也就罷了，他們還以「為河伯娶妻」的名義殘害少女。誰家的閨女年輕、漂亮，巫婆就帶著人到哪家去選，有錢的人花點錢也就打點過去了，但是沒錢的可就遭殃了。

他們在河上紮起齋宮，佈置舉行儀式的大場地，將弄來嫁給河伯為妻的少女放入河裡的齋宮。選好一個日子，就將載著少女的齋宮放入河水中漂走了，行數十里而滅，顯然少女難免溺水而死。老百姓也習慣了這一套，以為真的有什麼河伯，年年藉此看熱鬧。所以，好多有閨女的人家都跑到外地去了，這裡的人口越來越少，地方也越來越窮。

西門豹得知了這一情況，便有了主意，說那天也要去送河伯的新娘子。

河伯娶妻那一天，各種人物都來了，圍觀的群眾數千人。西門豹首先拿太巫開刀。那是個七十歲的老女人，帶著十個女弟子。

西門豹表現得彷彿比那些人更熱心，說：「這個新娘子不太理想，請妳去跟河伯說說，讓他等幾天，我們再選個好的送去。」接著不由分說，要兵卒將那個老女人扔進了水裡。

過了一會兒，他說，怎麼去了這半天還沒回來？再叫人去催吧。於是將太巫的女弟子扔了一個進河裡。過一會兒，就再扔一個。連扔了三個了，西門豹又說，可能去的都是女人，不會辦事。便挑了些地方管事的扔到河裡，一連扔了好幾個了。畢竟都是怕死的傢伙，剩下的怕被扔進河裡，馬上跪下磕頭，懇求大人饒命。

眼見為惡的人自己向人們證實了那是謊言，老百姓也受到了教育，收到了預期的效果，西門豹這才說，河伯說他不再娶婦了。

後來，他發動老百姓開鑿了十條河渠，把河水引入田裡，灌溉莊稼。從此，年年豐收。

這是一個典型的「將計就計」揭穿謊言的例子。西門豹作爲地方官，爲了讓人們相信他也尊重他們的習俗，效仿那些行迷信的人們，也一本正經地假戲真唱，「簪筆磬折，河立待良久。」他必須讓謊言不攻自破，必須讓那些以迷信愚昧老百姓的人原形畢露，才能達到根除惡習的效果。

假如他事先就去做什麼破除迷信的宣傳，絕不會有人相信，老百姓也不會站在他那一邊，使自己陷入被動的局面。於是西門豹就將計就計把他們一個個除掉，這是開刀問斬都難以達到的效果。

將計就計最關鍵的兩個環節，第一是識破對方的謊言，第二是讓對方相信自己已被他的謊言騙住了，這樣，才可能行使計謀。如果不能識破對方的謊言，發現破綻，抓住主動，「將計」就無從談起；如果不能使對方確信自己已經受騙，對方就會起防備之心，「就計」也無從實施。

識破對方的謊言固然需要智慧、需要機敏，但稍微具備防騙意識和警惕性的人幾乎都可以做到。困難在於如何裝出一副已受騙的模樣來，這是將計就計的關鍵。

那種大智若愚、心中有數的境界，不是輕易就能達到的，它需要更加周密的思考、精心的策劃、巧妙的掩飾與裝扮。因此，它對一個人的心智提出更高的要求。

讓說謊者自亂陣腳

通常情況下，謊言有兩種，一種是掩蓋和隱藏，另一種是編造和篡改；前者不容易被識破，而後者卻很容易露出破綻。因爲編造和篡改的情節都是無中生有的，並非是說謊者親身經歷的，所以不會留下深刻的印象。當說謊者不斷重複謊言時，難免會出現自相矛盾的地方，只要我們留心觀察和分析，就很容易識破謊言。

唐朝初年，李靖擔任岐州刺史時，有人向當時的朝廷告他謀反。唐高祖李淵派了一個御史前往調查此事。

御史是李靖的故交，深知李靖的為人，他心裡很清楚李靖是遭到了奸人的誣陷，因此便想辦法要救李靖，替李靖洗清不白之冤。便向皇帝請旨，請告密者共同前去查辦此案。皇帝准奏，告密者也高興地答應。

途中，御史假說檢舉信不見了，觀察告密者以後的動作反應。

御史佯裝害怕的樣子，不停地向陪伴的告密者說：「這可如何是好！身負皇上之託，職責所在，卻遺失重要證據，我可真的難辭其咎了」！說著，御史便發起怒來，鞭打隨從的典吏官。他的舉動使告密者確信檢舉信真的遺失。

御史無奈地向告密者請求：「事已至此，只好請您重寫一份了。否則，不僅我要擔負不能辦成查訪之任的罪責，您的檢舉得不到查證，就沒辦法讓皇上論功行賞了？」

那人一想沒錯，趕緊去重寫。根據想像，又憑空捏造出一份來。

御史接到信件，再拿出原信一比較，只見大有出入：除了告李靖密謀造反的罪名一樣，而所舉證據都換了模樣，細節更是大相徑庭，時間、人物都難以對上，一看即知是胡編亂造的誣告信。

御史笑笑，立刻下令把告密者關押起來。隨後拿著兩封檢舉信趕回京城，向唐高祖稟告原委。唐高祖大為震怒，竟然有人敢誣陷大唐的開國元勳，一怒之下處死了誣告人。

整件事情的峰迴路轉，歸功於御史巧妙地引出說謊者前後不一的證據，成功地揭穿了誣告謊言，而懲治了撒謊者。

事實上這種方法十分有效，不只是因爲臨時遺忘而編造另外的謊言能使人抓住自相矛盾的地方，即使事先有很充裕的時間來準備，說謊的人很謹慎地編造了台詞，但假如他不夠機靈的話，也無法預期對方反問的所有問題，仔細想好所有的答案；而且，就算說謊的人很機警，當時的情況也會引出突發事件，本來說詞是可以騙到別人的，但是一旦發生這種突然的改變，就會讓說詞出現漏洞。因此，我們就要爲說謊者創造這樣的「機會」，讓他的謊言露出破綻。

問出對方的真心話

如果你擔心別人欺騙你，爲了在有限的時間內盡可能地得到正確的資訊，在與他交談時，你不妨多問些問題，這是逼迫別人說出真心話最有效的辦法。不過，問問題也是很有學問的。

你到海鮮酒樓裡吃飯，點菜時問服務員：「今天的龍蝦好不好？」這等於白說，因爲他一定會說好，除非你是熟客。

倘若你另用一種方法：「今天有什麼好的海鮮？」那麼效果就會完全不同，你就可以吃到真正好吃的海鮮了。

因此，要想瞭解交往對象真實的內心想法，在有限的時間的裡，正確認識對方，看清對方，你可以連續地提出幾個使對方不高興的問題，把對方逼迫到一種孤立的狀態，或強迫對方作二選一的抉擇等等，主要是把對方逼到一種「進退維谷」的危機情況下，探察出對方的反應，使他說出真心話。

在看守所裡，員警要犯罪嫌疑人王某重述一遍犯罪事實。

王某看起來有些緊張：「前幾天的上午，我在街上閒逛，碰到一個陌生人要賣摩托車。我正好需要一輛，就花了五萬元買了這輛車。可是沒過幾天，就被警察逮住了，把我送進看守所，我實在是很冤枉呀！」

如果王某的供述屬實，他涉嫌的就只是收購贓物罪。然而，仔細琢磨案情和筆錄，員警覺得此案很可能存在疑點。

當天下午，員警來到王某家中瞭解情況，試圖發現新線索。一個重要情況引起了員警的注意：王的家庭經濟狀況較差。按照常理，王某在街上閒逛時不大可能身上正好帶有五萬多元，由此推知他很可能說了謊。於是員警打算從購車款的來源入手，進行下一步的訊問。

回到看守所，員警直接向王某追問購車款的來源，他顯出一絲慌張，但很快又故作鎮定地回答：「是從我女朋友那裡借來的。」

為戳穿謊言，保存證據，形成證據鍊，員警對王某借款的時間、地點、現金面值等細節逐一訊問並記錄。王某的回答越來越吞吞吐吐，前言不搭後語，員警更堅信了自己最初的判斷。為了防止串供，提審一結束員警就迅速找到王某的女朋友核查此事。一提到借錢的事情，還沒等員警說明完情況，王某女友就立即矢口否認，並作了書面證明。

第三次在看守所面對王某，當員警把其女友的書面證明拿給他看時，豆大的汗珠從他額頭滑下，他終於低下了頭。原來，王某聽人說過，收購贓物罪比盜竊罪判得要輕些，就決心一口咬定是收購了別人的摩托車，企圖蒙混過關。但是法網恢恢，疏而不漏。犯罪嫌疑人王某終於承認自己在公安機關偵查時說了謊，如實供述了自己盜竊摩托車的犯罪事實。

在情況緊急而又完全始料未及的狀況下，人往往會剝掉外表理性的自制力呈現真實的自我。

日本一位學者曾在一個電視節目中召集了國會議員一百多人，然後作探問真意的試驗。這位學者讓議員們一個一個單獨地進入一個放映室，裡面只有播音機，參與試

驗的人看不到其他議員的臉孔，而只聽到質問人的聲音。接受質問後這些議員的表情極其反常，有些人完全沒有了往日的威嚴、顯得相當心虛；有些人是表現出憤怒的樣子而退場。

人在危機或者極不舒服的環境下，是很難進行僞裝或長時間僞裝的，通常都會原形畢露。

利用心虛辨謊言

西元前五百年，印度一位王子曾設計出一種測謊方法，就是用「聖猴」來判斷一個人是否說謊。實際上，這是利用心理學進行測謊的一種方法。

測試時，被測人被告知：有罪的人拉住「聖猴」的尾巴時牠會嘶叫。所以嫌疑人被帶入「聖猴」待的黑暗帳篷裡後，無辜者不害怕「聖猴」會叫，進到裡面就會拉住「聖猴」的尾巴；有罪的人進到裡面後由於害怕「聖猴」會叫，不敢碰其尾巴，待一會兒便離去。

嫌疑人不知道「聖猴」其實只是尾巴上塗有烏黑塗料的普通猴子。結果可想而知，說謊者由於心虛不敢觸摸「聖猴」，而沒有說謊的人當然不怕。所以，如果嫌疑人從帳篷出來後，雙手是乾淨的，便可斷定他就是有罪的人；反之，他就是無罪的人。

說謊者在說謊時往往有心虛的感覺。有時候，說謊的人只有一點點罪惡感；有時候，罪惡感會很強烈，以致露出漏洞，使對方很容易揭穿謊言。十分強烈的罪惡感會使說謊的人痛苦難耐，會令說謊者覺得說謊很划不來，簡直是受罪。雖然承認撒謊會受到處罰，但是爲了要解除這種強烈的罪惡感，說謊的人很可能會決定坦白招認。

說謊者因爲這種難以消除的害怕感和心虛感，將會讓我們成功地識破謊言。

宋寧宗年間，劉宰出任泰興縣令。一次，一個大戶人家的一支金釵不見了，四下尋找不見，告到縣上。劉宰調查後，瞭解到金釵是在室內遺失的，當時只有兩個僕婦在場，但誰也不承認拿了金釵。

劉宰將兩人帶到縣衙，安置在一間房子裡，也不審問。眾人都很困惑，劉宰卻像沒事人一樣，飲酒散步，與大家閒談。

到了天黑以後，劉宰拿著兩根蘆葦走進關押僕婦的房間，每人給了一根，說道：「妳們好好拿著蘆葦，明天我要根據蘆葦決案，誰要偷了金釵，蘆葦就會長出二寸來。」說罷關門走了。

第二天，僕婦被帶到堂上。劉宰取過蘆葦審視，果然有一根長出二寸。劉宰嘿嘿一笑，卻指著手持短蘆葦的僕婦大聲喝道：「妳如何盜得主人金釵？還不從實招來！」那個僕婦戰戰兢兢，當即跪倒在地，口中喃喃道：「是我拿了金釵，大人如何知道？」

劉宰答道：「我給妳們二人的蘆葦是一樣長的，若妳心中沒有鬼，為何要偷偷截去一節？」僕婦方知上了當。

劉宰正是因爲知道撒謊的僕婦有恐懼和心虛感，才用這個測試辦法使其自我暴露，辨識出了說謊者。可見利用說謊人的心虛來識破他的謊言是一種行之有效的方法。

利用證據揭穿謊言

當你懷疑某人對你撒謊時，你直接找他當面對質，他可能不會承認。要使對方說出實話，最高明的手法就是提出有效的證據，尤其是物證，它會有意想不到的效果。拿出有力的證據來作爲武器，是識破謊言最好的手法，不管對方如何狡辯，只要證據確鑿，他就不得不俯首承認。

明朝時，一個叫做王和尚的盜匪首領被兵部抓獲。在審判過程中，王和尚供出了從犯多應亨、多邦宰兩兄弟。隨後，這兩名原本以為自己可以逍遙法外的富家兄弟也被緝拿到案，認罪結案可是不久之後，多家兩兄弟的母親卻不斷上告審判不公、屈打成招，說她的兩個孩子是冤枉的，要求重新審判。

這時，擔任兵部尚書的王陽明，判斷其中必有文章，同時，推想多家兄弟的母親可能已經買通王和尚準備翻案，為多家兄弟脫罪。而自己要怎麼才能找到確鑿的證據讓罪犯伏法呢？

重新審案當天，王陽明以保密為由，將審判地點設在衙門後堂密室，並預先在桌案底下藏了一名負責記錄案卷的官員，然後，再傳提三名罪犯。

三名罪犯到了之後，王陽明先隨意問話幾句，便有事先安排好的衙役，前來報告有貴客來訪，王陽明就藉故出門迎接客人。

三名罪犯眼看四下無人，就立刻抓住機會，交頭接耳起來。除了相互埋怨之外，三名罪犯還把準備串供的說辭說了一遍。等王陽明回來之後，躲在案桌底下的官員，立刻爬了出來，將記錄有王和尚準備要為多家兩兄弟脫罪的私語案本呈上。

三個罪犯當然是當場傻眼，只有拼命叩頭請求饒命的分了。但審判官已掌握了證據，現在不伏法還能怎樣呢？

關於利用證據這一點，我們首先要注意的就是：

第一，運用時機得當

如果事情過了很久，我們才拿出證據來印證，那麼證據價值可能就大大地減低了。例如我們在提出證據之後，還讓對方有充分的時間去考慮，那麼就等於讓他獲得了一個答辯的機會，使證據的作用大打折扣。

第二，運用方法得當

證據要同時提出還是逐項提出來呢？這個問題我們不能一概而論，必須由證據的價值以及當時的狀況來決定。

第三，注意證據保密

至於我們握有的證據究竟有多少，絕不能讓對方知道。尤其是當你只有少許證據的時候，更要絕對保密。總之，證據是一種祕密武器，證據越少越要珍惜，否則等待你的只有失敗。

不到關鍵時刻，不要讓對方知道，或者顯露自己手中的證據。你必須做到心中有數、靜觀其變，使緊握在手上的證據能運用得恰到好處。

以上所說方法的運用，看情況而定。有時不能只用一種方法，必須綜合運用多種方法才能取得成效。我們要想利用證據去揭穿別人的謊言，在日常生活中就要學會透視別人的內心，不被蒙蔽，誘使別人說實話。

識破離間術

明崇禎二年（一六二九年），皇太極率領清軍繞過寧遠打到北京城下。明朝山海關總兵袁崇煥親率九千騎兵保衛京師。兩軍對壘，戰爭形勢瞬息萬變。

第一天，明軍在北京城的德勝門和永定門外，各撿了一份議和書，是皇太極寫給袁崇煥的。

第二天，清軍後退五里下寨，並捉了兩名明軍的太監（明軍以太監為監軍）。

第三天，明朝的兩個太監逃跑了。

第四天，傳來明軍督軍袁崇煥、總兵祖大壽被捕下獄的消息。

原來，這都是清軍使的離間計，皇太極寫給袁崇煥的「議和書」，袁崇煥根本沒看到就被明軍撿去送到了崇禎皇帝那裡。於是，明廷上下對袁崇煥產生了懷疑。

清軍把抓去的兩個太監軟禁起來。夜裡，有人還陪同他兩人喝酒，酒到半酣，有人來找陪酒的清軍官員說有祕事。陪酒的人來到帳外，明朝的兩位太監不禁去偷聽，斷斷續續聽到「袁督師已經應允」、「不要讓明監軍知道」等話。兩人大驚，原來袁崇煥通敵了！

兩位監軍逃跑後，向崇禎皇帝密報。崇禎皇帝頓時大怒，把袁崇煥及他手下的親將祖大壽逮捕下獄。不久，以叛國罪處死。

數年之後，清軍入關，佔領北京。明朝滅亡，清統一了全國，才公佈了這一個歷史真相。原來，袁崇煥的死，是一個叫明朝人痛心疾首的大冤案！

離間術是一種圈套，是離間者（主體）在被離間者（客體）之間搬弄是非、製造矛盾，以期破壞被離間者的團結、從中獲利而製造的謊言。

離間術在生活中有多種表現，如創造條件造成同事之間、上下級之間的誤會；或將誤會加以渲染，擴大他人之間的分歧；或編造謊言，製造矛盾，破壞他人團結等等。離間術的外在表現雖然多種多樣，但它的內在本質卻是唯一的，那就是：抑人揚己，損人利己。我們如何識破敵人的離間計呢？離間術有以下特徵：

一、目的性強

任何離間術都有其明確的目的。只有在目的的驅使下，離間的所有行爲才可以表現出實際意義。離間者的目的是自我的、本位的，是建立在實際自我利益基礎之上的。有時爲的是獲取個人的某種利益，有時則表現爲滿足個人的某種慾望，有時也可能是爲了小集團的利益。

但無論如何，它都是建立於私欲、頹廢、反動之上的。離間者的目的不在離間過程本身，而在於達到離間之後的結果。

二、隱蔽性好

離間者的目的決定了行爲的隱蔽性。因爲伴隨著離間術的實施，離間者對被離間者的侵害行爲已經開始，而這種侵害又是巧借被離間者之間的摩擦力量進行的。

一旦離間成功，被離間者的利益受損則是絕對的，所以，離間者只有使被離間者在表面上知情，而不能在根本上知底，才能達到離間的目的。因此，隱蔽性貫穿於離間活動的始終。

三、欺騙性大

離間的隱蔽性決定了離間手段的欺騙性。因為離間是一種侵害行為，且要借助客體之間的摩擦力量實施，又要做到隱蔽得「天衣無縫」，顯然採取正當的、公開的手段是不行的。

所以，離間者往往會製造假象欺騙客體，使其產生錯覺、做出錯誤的判斷、形成錯誤的認識，以便使其在不知不覺中落入圈套。儘管離間術具有隱蔽、詭詐的特點，但還是可以識破的。

識破離間術要從以下三個方面進行分析：

首先，是聯繫分析。任何離間者要想達到離間他人的目的，必然要與被離間者發生這樣那樣、或明或暗的聯繫。沒有聯繫就無法借助客體之間的摩擦力量，再高明的離間術也無法得以實施。因此，誰突如其來的與你聯繫，誰就有可能在實施離間術。

其次，是利益分析。一般說來，離間術通常是伴隨著利益衝突而實施的，而離間者往往又是被離間者發生矛盾後的直接或間接受益者。因此，對人際衝突製造者的利益得失進行分析，有利於識破離間者的真面目。

再次，是反常分析。任何離間術，無論它怎樣高明絕倫，只要付諸實施，總會留下一些反常的痕跡。因此，對反常的蹊蹺的行爲進行認真分析，進而反向思維，弄清人際衝突的來龍去脈，對於破譯離間術很有幫助。

總而言之，離間術的破譯應建立在對其行爲特徵的綜合分析上，既不能盲目猜疑，又不可掉以輕心。

測試 你的破謊能力有多高

每個人的見識經驗都有所不同，所以有的人具有察言觀色的能力，有的人沒有。我們稱人具有的那種透過觀察非語言交流來獲得資訊的能力爲破謊能力。

下面的選項可以說明你檢測自己的破謊能力的高低：

一、喜歡跟朋友聊天。

二、自己容易喜怒形於色。

三、同陌生人也能夠很好地溝通。

四、看到有人受虐待，會感到憤怒。

五、看話劇或者電影的時候，會聯想起相似的故事。

六、跟新人見面會感到興奮。

七、努力想要給初次見面的人留下好印象。

八、不想和不幸的人待在一起。
九、圈子中有人惱怒異常，自己馬上就知道這個人是哪一位。
十、即使一個人度週末也不會感到鬱鬱寡歡。

測試解析：

在上述十個問題中，如果你選擇「是」的次數爲七次以上的話，說明你的破謊能力高。這種能力因人而異，因人的性格和素質等因素而異。

破謊能力高的人，不單單可以透過語言來交流，還可以經由觀察對方的臉部表情和形體語言推測出對方在想什麼，自己該如何應對才好等方面很敏感的問題。他們不僅理解對方的心情，富於同情心，還有很強的共通感。

破謊能力的高低，與個人是否關心自己的利益，而不在意別人的心情，不在意別人對自己的看法大有關係。其實誰都可以提高自己的破謊能力。接觸各式各樣人物的時候，只要能夠注意深入觀察對方，不放過任何微妙的信號變化，你就可以提高自己的破謊能力，識破別人的謊言。

3

說謊不一定不好

為自己鍍上一層保護色

在動物界，「擬態」和「保護色」是很重要的生存法寶。「擬態」是指動物或昆蟲的形狀和周圍的環境很相似，藉以保護自身免受侵害的現象。例如有一種枯葉蝶，褐色的身體就像一片枯葉一樣，當牠停在樹枝上時，如不細看，根本發現不了。

「保護色」是指動物身體的顏色和周圍環境的顏色接近，當牠在這個環境裡時，牠的天敵便不易找到牠。比如蚱蜢好吃農作物，牠的身體是綠色的，這顏色便是牠的保護色。

在人類的世界裡，說謊有時是一種「擬態」和「保護色」的行為。最具體的例子便是間諜，從事這種工作的人要隱藏自己的身分，並且要避免被人識破。間諜所使用的「擬態」和「保護色」就是在角色扮演上儘量和周圍的人接近，讓人分不出他是外來者。所以，間諜執行任務時，都要先熟悉當地的生活，穿當地的服裝，說當地人的話，吃當地的食物，研究當地的歷史、民俗，爲的就是把自己「變成」那裡的人，避免被人辨識出來。

人類對「擬態」和「保護色」的運用不僅限於此。軍事家常用的「兵不厭詐」就是利用這個原理。

在人性叢林裡，人性的戰爭天天上演。有時候你是個強者，但在某些狀況之下，你卻又是個弱者。當你是弱者時，苦鬥無益，徒費心神。因此，與其苦鬥，不如智鬥，以保存實力。並以「詐死」、「裝敗」來尋求生機。

有一種鳥，牠孵卵時若有外敵入侵，牠會先佯裝與外敵搏鬥，翅膀撲幾下後便假裝受傷，跌跌撞撞地「敗走」。外敵受到這個動作的吸引，會過去追逐這隻「敗鳥」，等外敵遠離鳥巢後，「敗鳥」立刻快速逃走，於是巢中的卵得以保全。

這就是「裝敗」！目的在於求勝。

有一種瓢蟲，當你用手碰牠時，牠就停止不動，連腳都縮了起來，任憑你怎麼撥弄牠，牠就一副死樣子，可是危險消除後，牠就會「復活」。

這就是「詐死」！目的在於求生。

人類對「裝敗」和「詐死」的運用最令人歎爲觀止。尤其是兩軍對峙時，較弱的一方有時就不得不「詐死」或「裝敗」，以尋求生機；而實力較強的一方，有時也會爲了盡速打敗對方而採用「詐死」或「裝敗」的策略。

「裝敗」和「詐死」若詐得像、裝得真，通常可以產生很多效應：

一、混淆對方的判斷，使其做出錯誤的判斷而踏入陷阱。

二、拖延時間，在對方對你的行爲進行判斷的時候，你就贏得了喘息的時間。

三、助長對方的傲氣，使其放鬆警戒，而你則可趁此尋找求生的契機。

四、誘使對方解除心理戒備，對方巴不得趕快卸下心頭的重擔，你卻得到了反敗爲勝的機會。

要詐死裝敗不難，難在使對方相信。因此要裝得像、詐得真，必須要有一些「敗相」，好作爲對方相信你的根據。例如裝敗的軍隊，總要在撤退的路上留下大批武器；詐死的指揮官，總要來個有模有樣的發喪活動。

然而，與人相爭而你力有不敵，要採用詐死裝敗的策略時，一下子就偃旗息鼓是不大恰當的，這樣並不能無法鬆懈對方的戒心，因爲對方會認爲你還在「備戰」，有時候反而攻得更猛！

因此，在生活中，你有必要對「擬態」和「保護色」有所瞭解，並且學會運用，尤其當你明顯處於「弱勢」時，更應該好好運用這兩種大自然賦予的本能。

照顧別人的情緒

每個人都會說謊。大多數謊言發生在人們剛剛謀面的時候，因爲人人都想得到別人的讚美與認可，所以大家都喜歡聽好聽的話，儘管這些話很客套、很虛僞，甚至還有些歪曲事實，但對於被讚美的人來說卻是非常中聽、非常受用的。

如果你對遇到的每個人都講真話，如果你想什麼就說什麼，你就可能沒有朋友，還有可能丟掉飯碗。如果你看到什麼就說什麼，例如：

「阿雅，妳看起來憔悴多了，皮膚怎麼變得那麼粗糙，護理一下吧？」

「小偉，你應該去看皮膚科醫生治治臉上那些難看的疤痕。你穿的衣服真讓人受不了，還有你的鼻毛，怎麼不剪一下啊？」

「圓圓，妳新買的玩具汽車真漂亮。妳那兩個好動的寶貝孩子應該沒多久就會把它弄壞了。做母親的一點辦法也沒有，妳這個媽媽是怎麼當的？」

這些例子中，講的都是真話。可想而知，對方聽了這些「真言」後的狀態將是多麼糟糕。謊言會這樣說：

「阿雅，妳看起來真棒。」

「小偉，你這個英俊的大塊頭！」

「圓圓，妳真是個好母親。」

在愛情中，如果戀人對你說：「我們真的沒有辦法友好相處」之類的話，你一定會非常傷心，不知道自己哪裡做得不好讓對方如此評價，甚至還會爲此痛不欲生，懷疑自己是否真的一無是處，因而對生活失去信心，這種疼痛和傷害是刻骨的。

人們的心情固然是多變的。但是，如果遭受到這樣的突如其來的打擊，誰都會大吃一驚。在隨口應道：「嗯？這是什麼意思？」的同時還想探求一下緣由。如果自己還是很喜歡對方的話，很多人就會忍不住反思一下自己的不是之處。此時如果給不出合適理由的話，就會造成彼此的隔閡。

然而，有很多理由可以作爲與戀愛對象分手的原因。比如說，喜歡上其他人了、愛情冷淡了、工作太忙了、個性不合等等。但很有可能真實的理由是「一見到對方氣就討厭」。與其坦誠相告，使對方傷心欲絕，倒不如找個對方能接受的藉口來結束這段感情，撒個小謊，雖然愛情結束了，但留下的還有一段美好的回憶。

許多人會說些無傷大雅的小謊，是爲了避免傷害他人。這只是些沒有惡意的謊言——你嘴上說喜歡他們的髮型、喜歡他們裝修的風格或是喜歡他們新交的朋友，其實你心裡一點都不喜歡。

還記得你上次說謊是什麼時候嗎？回憶一下自己是爲什麼說謊，是爲了讓對方高興而說的一番恭維話？還是爲了更好地解決問題的權宜之計？善意的謊言是美麗的，當我們爲了他人的利益或希望而撒一些小謊的時候，謊言即變爲了理解、尊重和寬容，具有神奇的力量。

魯迅先生在《立論》一文中寫了這樣的情況：恭維他人孩子將來要發財、要做官的，得到的是感謝；直言他人孩子將來是要死的，得到的是大家一頓合力痛打。然而，「說要死的必然，說富貴的撒謊。但說謊的得好報，說必然的遭打。」

有些情況下，直言相告會對別人有所傷害。所以，措辭的時候應該儘量考慮聽者的情緒，適時地說些謊話，可能對聽者來說還是件不錯的事情呢。

融入社交環境

蘇格拉底是希臘偉大的哲學家，他認爲謊言的本性就是（其中很多話都是我們可以借鑑的）。

一、謊言的本性就是逃避一些不能或是不想被別人知道的事，其本性如果要強自區分的話可分爲善意和惡意兩種。

二、善意的謊言是在爲他人利益考慮的前提下所說的謊言。

三、惡意的謊言是從自己的角度出發的謊言，是損人利己的。

善意的謊言在人際交往中，起著潤滑劑的作用。如果能夠恰到好處地運用，可以化干戈爲玉帛，可以消除矛盾，可以更有效的解決問題，可以化解人心中的怨恨，使人與人彼此間的關係更融洽、感情更深厚。

所以，在人際交往中，要學會適當地運用謊言來解決問題。一個滿嘴謊言的人，不會受到人們的歡迎。同樣，一個一句謊言也不會說的人，也可能不會受到人們的歡迎。你一定狐疑：「爲什麼會是這樣呢？」看完下面的故事你就會明白了。

張偉在一家外資企業上班。一天，下班後他和同事李華走在一起。李華這些天和上司的關係十分緊張，心情不佳。兩人邊走邊聊，李華控制不住自己的情緒，指出上司對待他的種種不公平，還把上司的無知、淺薄及一些事統統隨口說了出來。

過了一段時間，上司在張偉面前談起李華時，言語之間非常不客氣，怒斥李華的不顧大局、平庸無能、不思進取、不善開拓等諸多缺點。上司還向張偉打聽李華是否說過自己什麼壞話？

張偉該怎麼辦呢？

無疑，張偉面臨兩種選擇：一種選擇是不把李華的話告訴上司，另一種選擇是把李華的話原原本本地告訴上司。

如果張偉選擇了前者，上司的氣慢慢地消了下來。當他冷靜下來後，會比較公正、合理地處理好這種關係的，使問題得以解決。

如果張偉選擇後者，上司會對李華記恨在心，可能會找機會報復李華，使矛盾進一步激化。

而且，如果上司是個非常多疑的人，他會進一步設想：你在我面前講你同事的壞話，肯定也會在其他人面前講你同事的壞話，你甚至還會在其他人面前講我的壞話。因此，即使張偉說了實話，也會給他上司留下兩面三刀、不能委以重任的印象。

上面所說的這件事，說謊，能使三方面都得到好處；而講實話，卻讓每個人都受到傷害。可見，謊言在人際交往中的重要性。

中國有句俗話叫「會做媳婦兩頭瞞，不會做媳婦兩頭傳，」講出了人際交往的真諦。所以，面對一些事情，我們不一定非講實話，因爲實話有些時候對人、對己、對事無益。既然真話會傷害別人、傷害自己，那麼我們爲什麼一定要說真話呢？其實，製造一些謊言，在很多時候都是有益的，它是處理好人際關係的重要法寶，可以使你融入周圍的環境，使你的生活少很多阻撓。

謊言引爆人的潛能

我們的語言所具有的暗示效應有時影響會很大。語言可能使人燃起勇氣、產生希望；也可能使人絕望。甚至會使人萬念俱灰、含恨而終。也就是說語言是一把雙刃劍，它具有一定的魔力。生活中有一種謊言，心懷善意的動機，充滿質樸的願望，可以激勵他人，甚至引爆他的潛能，使他獲得成功，改變人生。

小俊從小調皮愛玩，他在學校裡的表現讓老師頭疼不已。在老師的眼中，他是個「無可救藥」的「壞孩子」。

小學時，老師叫媽媽來學校對她說：「你的孩子這次又考了班上最後一名。」媽媽含著淚回到家，笑著對兒子說：「老師對媽媽說，這次你成績雖然是最後一名，可是你的字寫得比以前好多了。」

中學時，老師叫媽媽來學校對她說：「你的孩子總是讀不懂數學題，總是曲解意思，這次是班上最後一名。」媽媽低著頭回到家，笑著對兒子說：「老師今天對媽媽說，你的數學雖然沒有考好，可是你的卷面卻比上次考試整潔多了，如果把題多讀幾遍，分數完全可以更高些。」

高中要畢業了，兒子一定要報考重點大學，媽媽高興地說：「好啊，媽媽支持你，媽媽相信你。」

發通知那天，兒子哭著跑回家：「媽媽，你是這個世界上最欣賞我的人，今天我考上了。如果沒有媽媽的鼓勵，我是走不到今天的。」

這就是善意謊言的力量。它給孩子的心靈種下一棵積極的種子，進而萌發，開啓他內心潛在的力量。善意的欺騙給別人對未來的可能性暗含期待的心理，然後去追求實現，這種心理效應叫「羅森塔爾效應。」

一九六八年，哈佛大學的羅森塔爾博士曾在加州一所學校做過一個著名的實驗。

新學期開始時，校長對兩位教師說：「根據過去三、四年的教學表現，你們是本校最好的教師。為了獎勵你們，學校特地挑選了一些聰明的學生給你們，這些學生的智商比同齡的孩子都要高。」

校長再三叮嚀：「要像平常一樣教他們，不要讓孩子或家長知道他們是被特意挑選出來的。」兩位教師非常高興，教學更加努力了。一年之後，這兩個班級的學生成績是全校中最優秀的，遠遠好於其他班的成績。

知道結果後，校長告訴這兩位教師一個真相：他們所教的這些學生智商並不比別的學生高。這兩位教師感到十分意外，心想既然學生不是最聰明的，就一定是他們教得最好囉。

隨後，校長又告訴他們一個真相：他們兩個也不是本校最好的教師，而是在教師中隨機抽出來的。

正因學校對教師的期待、教師對學生的期待，使得教師和學生都產生了一種努力改變自我、完善自我的進步動力。它表明：每一個人都有可能成功，但是能不能成功，周圍的人能不能像對待成功人士那樣愛他、期望他、教育他起很大的作用。

用這種方法對那些工作不求上進的職員進行鞭策也同樣有效，即使不是出自內心的言語期待也能激勵當事人奮發向上。

如果你始終給事物傳遞一種良性暗示，它會出現轉機，或者變得更加出色。但是，如果你給他傳遞一種不良暗示，事情往往會變得更糟糕。所以有人說：鼓勵與讚美能使白癡變天才，批評與謾罵能使天才變白癡。

讚美給人力量，給人戰勝艱難險阻的勇氣；讚美能激發人的潛能，給人插上想像的翅膀，創造出無窮的樂趣。讚美能讓人在黑暗中重見光明，無論遇到多麼可怕的境遇，都能使人懷抱天使般的夢想，在黑暗中期待光亮。學會用謊言去讚美、暗示別人，這世界將會綻放更多美麗的風景。

你必須學會說謊

在爲人處世的哲理與準則中，我們往往把單純、真誠、正直等良好的品德看得非常神聖，以至在我們的意識中「權謀」是非常可恥並且可惡的。

權謀之術似乎也成了陰謀家、黑社會和各種不法之徒的「專利」和特長。要知道，在你的周圍並不是所有的人都是捧著一顆善良、真誠的心來和你打交道。如果你太過老實，就很容易落入別人的陷阱。

在大多數情況下，我們應當以一顆單純、善良、真誠、正直的心與人交往，與人相處，但總有某些複雜的情況需要我們多留個心眼兒，要用點心計。權謀之術未必都是壞心歹意，主要是要有所預測、有所用心、有所防備。

誠然，誠實是重要的，它是人生極具價值的東西。但是，並非說不完全說真話、撒謊就一律是不誠實。如果從廣義上來理解，客套話等都是一種謊言，說客套話的人絕不僅限於不誠實者，所以，我們不應當籠統地對謊言加以指責，必須有所分析、區別對待。好的謊言與必要的謊言就是很有意思的問題。

有時我們明明十分清楚事情的真相，卻偏睜著眼說瞎話。這是因爲在許多事情上我們不得不撒謊，否則就會傷害別人。例如醫生不會告訴癌症患者他患了什麼病，即使不是癌症，面對瀕臨死亡的重症病人，醫生說「你已經沒救了」也是不近人情的。對於一些功利性的場合，或能決實成敗的時刻，我們也必須學會說謊，但應禁絕那些用盡心機卻違背法律的謊言。

真正能說好假話容易，我們首先應消除對謊言的偏見和罪惡感，才能把假話說好。說假話有三條規則：

其一，謊話是化了妝的真實，不能太不靠譜。當我們無法表露自己的真實意圖時，我們就選擇一種模糊不清的語言來表述。當朋友穿著新買的衣服，問我們是否好看，而我們覺得實在難看時，我們便開始用模糊的語言，回答說：「還好。」「還好」是一個什麼概念，是不太好或是還可以？這就是假話中的真實。它區別於違心而發的奉承和諂媚。

其二，目的合情合理。這是假話得以存在的重要前提，許多假話明顯是與事實不符的，但因爲它合乎情理，因而也同樣能體現我們的善良和愛心。經常有這樣的事情發生：父母患了不治之症不久將要死去，子女爲之十分悲痛。應該讓父母知道病情嗎？大多數專家認爲：子女不應該把事情的真相告訴父母，也不應該在父母面前流露出痛苦的表情，以增加他的負擔，而應該使老人在生命的最後時期盡可能快活。

當孝順的子女忍受著即將到來的永別時，對父母那與實情不符的安慰反而會帶給我們感動。因爲在這假話裡包含了無限的愛與無奈。

其三，必須。這是指許多假話非說不可，這種必須有時候是出於禮儀。例如，當我們應邀去參加慶祝活動前遇到不愉快的事情時，我們必須把悲傷和惱怒掩飾起來，帶著笑意投入歡樂的場合。這種掩飾是爲了禮儀需要，怎能加以指責？

當我們按照上述三條規去說謊話，它肯定會給我們帶來非凡魅力。只要我們心存真實，把假話僅作爲交際的一種策略，這就是善意的謊言。

林語堂寫道：「華人的個人修養，內容十分繁雜。其中我們可以發現三個原則性的問題：一、要會說謊……二、要具有紳士風度的說謊能力。三、無論是自己撒謊還是別人的謊言，都應一笑了之，以保持心境之平靜。同時，對人世間的事物不宜過分迷戀。」

在某種情況下，撒謊不但是可以諒解的，而且是值得嘉獎的。

善意的謊言，是賦予人性的靈性，體現著情感的細膩和思想的成熟。善意的謊言可以使人際關係更加和諧；善意的謊言可以激發人的鬥志，使人戰勝困難，勇往直前；善意的謊言，可以使人燃起希望，擺脫生活的危機。它不會玷污文明，更不會扭曲人性，所以我們應該用一些善意的謊言來裝點生活。

不要讓對方知道你已看破他的謊言

人不會把自己的祕密告訴所有人，但也很少能完全不讓人知道。如果你看破了別人的千方百計用謊言偽裝起來的祕密，這個祕密涉及雙方的成敗時，在條件還未成熟時，最好不要讓對方知道你已識破他的內心。否則，可能會反爲對方所害。

一位名叫隰斯彌的官員的住宅與田常的住宅相鄰。田常為人深具野心，後來欺君叛國，挾持君王，自任宰相獨掌大權。

一天，隰斯彌前往田常府第進行禮節性的拜訪，以示敬意。田常接待他之後，破例帶他到邸中的高樓上觀賞風光。隰斯彌站在高樓上向四面眺望，東西北三面的景致都能夠一覽無遺，唯獨南面視線被隰斯彌院中的大樹所阻礙，於是隰斯彌明白了田常帶他上高樓的用意。

隰斯彌回到家中，立刻命人砍掉那棵大樹。正當工人開始砍伐大樹的時候；隰斯彌突又命令工人停止砍樹。家人想不明白，於是問個究竟。隰斯彌回答道：「俗話說『知淵中魚者不祥』，意思就是能看透別人的祕密，並不是好事。現在田常正在圖謀大事，就怕別人看穿他的企圖，如果我按照田常的暗示，砍掉那棵樹，只會讓田常感覺我機智過人，對我自身的安危有害而無益。所以，我還是裝著不明白，以求保全性命。」

這一段故事告訴我們，知道得太多會惹禍，這也是中國古代一種明哲保身之策。當你識破謊言時也要注意此點，不要讓對方發覺你已經知道了他的祕密，否則完全失去了識破謊言的意義。如果故意要使對方知道你能看穿他心意的話，當然就不在此限之內。

在一次會議上，張教授遇見了一位文藝評論家。互通姓名後，張教授對這位文藝評論家說：「久仰久仰，早就知道您對星宿很有研究，是位大名鼎鼎的天文學家。」

評論家半天沒有反應過來，以為是張教授搞錯了，忙說：「張教授，您可真會開玩笑，我是做文藝評論的，並不研究什麼天文現象。您是不是弄錯了？」

張教授正言答：「我怎麼是跟您開玩笑，在您發表的文章裡，我時常看到您不斷發現了什麼『著名歌星』、『舞台新星』、『歌壇巨星』、『文壇明星』等眾多的星宿，想來您一定是個非凡的天文學家。」弄得這位評論家尷尬不已，什麼也沒說，坐了一會兒就走了。

人際交往中，有的事不必說得太明白，只要大家心知肚明就可以了。俗話說：「看透別說透，才是好朋友。」事情說得太白，反而會傷和氣，或顯得太無聊。看破別人的謊言但不表現出來，給人一個面子，有利於你在為人處世中與人維持良好的關係。

聰明反被聰明誤

有兩句古語：「世事洞明皆學問，人情練達即文章。」所謂「世事洞明」，就是有一雙能夠看透一切的慧眼，當然也包括謊言；所謂「人情練達」，就是圓滑處世，優遊於世人之中，當說則說，不該說的就不說。否則，太過於聰明，知道了不該知道的東西，又說了不該說的話，反而被聰明所誤。

曹操為人疑心很重，他特別防範有人暗害他。隨著他地位的提高、權勢的增大，這種猜疑心理就發展為一種「防患於未然」的陰險冷酷的權謀。

有一次，他對照料自己飲食起居的侍從們說：「我有個毛病，當我在睡覺時，只要人稍一接近我，我就會跟夢遊似的，馬上跳起身來殺死這個人。所以，今後當我睡著、尤其是熟睡之際，千萬不要靠近我，以免被誤殺。」侍從們一笑，口頭上答應了。

曹操為使眾人相信自己的話，於是在一天夜晚睡覺時，故意蹬開被子，裝作受凍而不知的酣睡狀態。一個平日深受曹操喜愛、對曹操的照料也十分精細入微的侍從，見主將在寒夜受凍，出於職責、更出於對曹操的愛戴，便小心翼翼、輕手輕腳地走到曹操臥床前。

侍從剛要伸手撿起地上的被子給主人蓋好，曹操突然翻身跳起，抽出床頭寶劍，狠命一揮，侍從即刻身亡。曹操殺人之後，一言不發，重新假裝大睡起來。其他侍從嚇得面如土色，都呆傻般一動不能動，很長時間才清醒過來，但誰也不敢再靠近曹操。那個被殺的侍從也就一直橫在曹操床下。

第二天清晨，曹操醒來，一見床頭為何濺滿鮮血、床下又橫臥著已死的侍從，大驚之後便大怒：「誰敢殺吾近侍！」眾侍從一直戰戰兢兢遠避在旁邊，見曹操怒問，才一齊跪倒，說出事情經過。

曹操聽後，做出又驚又悔的樣子，還流下淚來。他抱起侍從的屍身，難過地說：「我跟你說過，我會夢中殺人而不自知。你怎麼還在我睡覺時靠近我呢！」於是，曹操下令厚葬這個被自己誤殺之人。

整個葬禮中，曹操表情十分沉痛。

軍中眾人都相信：曹公睡夢中，確有神祕的自我保護能力。並互相告誡：當曹操睡覺時，萬萬不可靠近。唯有楊修看得明白。當曹操裝模作樣為那侍從送葬時，他扶棺苦笑道：「不是曹公在夢中，而是你在夢中啊！」

曹操見楊修戳穿了自己的陰謀，深恨楊修，最終找了個藉口殺死了他。

楊修確實夠聰明，能看到很多別人看不到的東西，能猜透許多別人猜不透的事情。然而，他又太愚蠢了，愚蠢得不知如何保護自己。

楊修到死都不明白，正是他的過分外露的聰明使他成了刀下鬼。他濫用自己的小聰明，動不動就表現出來，終究是會被人嫉妒的。楊修被殺，顯然是因爲嘴巴引來的橫禍，古有訓「禍從口出」，如果楊修不恃才自傲，頻頻外露，也不會引來殺身之禍。感歎爲人處世中「難得糊塗」的境界啊！

《紅樓夢》裡的薛寶釵也是聰明之人，她是真正悟透了「世事洞明，人情練達」這句話的人。寶玉的丫鬟金釧爲王夫人所逼，投井自盡，王夫人是因爲自己逼得人家自殺的而心裡難過，薛寶釵明知事情原委卻撒謊，對王夫人說，那孩子說不定是在玩時不小心自己掉井裡去的。

這還不算，她還送東西給那個丫頭的家人，以平息風波。由此惹得上下左右的人都說寶姑娘是個大好人。她可謂看得清世事，又獲得人情，左右逢源，當然立於不敗之地。

如果你是真正的聰明，就不要總是在別人面前隨便地「賣弄」。那樣，不但使你的聰明變得「廉價」，有時還會給你惹來不必要的麻煩。在一定的情況下，識破謊言卻不點破它，是一種胸懷和智慧。

不點破謊言方能利用謊言

很多時候，你明知道對方在說謊，而且你也有足夠的證據。但是如果你傻乎乎地直接點破對方，不僅無法幫助自己，還時常會陷自己於被動的境地。對於這種情況，高明的做法是不動聲色，利用謊言，讓說謊者自食其果。

一位英國商人欠了一位放高利貸者一大筆錢。商人無法還清，這意味著他不僅即將破產，而且還要被關進地方債務人監獄。這時，高利貸者提出了一個解決方法，如果商人願意把他年輕漂亮的女兒嫁給自己，債務就一筆勾銷。

這個放高利貸者既老又醜，而且聲名狼藉。商人和他女兒對這建議都很吃驚，心裡一百個不願意。不過放高利貸者十分狡猾，他建議讓命運做決定。他在一個袋子裡放入兩顆鵝卵石，一顆是白的，一顆是黑的。商人的女兒必須伸手入袋取一顆鵝卵石。如果她選中黑鵝卵石，就必嫁給放高利貸者，而債就算還清了；如果她選中白鵝卵石，她可以和父親在一起，就不用嫁給放高利貸者，也無須償還債務。但是，假如她不不願意選鵝卵石，就沒什麼可談的了，她的父親必須關在債務人監獄。

商人和他的女兒，迫於無奈只好同意。放高利貸者彎下身拾取兩顆鵝卵石，放人空袋。商人的女兒用眼角斜視到這個狡猾的老頭選了兩顆黑鵝卵石，她明白自己的命運已經判定了。

但她不得不同意，她似乎沒有條件可言。因為她要救自己的父親，而且這是唯一的辦法。假如她說穿他的伎倆，採取強硬立場，那麼他的父親必進監牢。如果她不揭穿他而選了一顆鵝卵石的話，她必須嫁給這位醜陋的放高利貸者。

於是，她把手伸入袋子，取出一顆鵝卵石，不過在將要判定顏色之前，她假裝緊張失手將鵝卵石掉到了地上，與路上其他的鵝卵石混在一起而無法辨別。

「哦！糟糕！」女孩驚呼，繼而說道：「我怎麼這麼不小心。不過沒有關係，先生，我們只要看看在你袋子裡所留下的鵝卵石是什麼顏色，便可知道我剛才所選的鵝卵石顏色了。」

這樣，商人的女兒巧計破了放高利貸者的謊言，不但不用嫁給奸詐的放高利貸者，也使她的父親免除了債務。

慶幸的是，商人的女兒不但人美，也很聰明，她瞭解自己，也瞭解她的對手。她知道她的對手是一位不擇手段的奸詐之徒，她也知道根本不可能與他面對面地鬥智。最終解決之道是讓自己扮演甜美可愛、天真爛漫的少女角色來迷惑對方。

由此看來，在時局不利於自己的時候，適當的服軟裝「孬」是很有必要的。要懂得隱藏自己的鋒芒，給對手造成「這個人沒有殺傷力了，不需要防備」的印象。過多顯露自己，只會給自己招來更多的麻煩，識時務者爲俊傑，說的就是這個意思。

不動聲色，暗度陳倉

「暗度陳倉」的本意在於：表面上不動聲色，或製造某種假象來穩住敵人，而自己則暗中進行活動，在敵人無法察覺的情況下，達到自己的攻擊目的。

明朝的張鸓峽任滑縣縣令時，一天，兩名江洋大盜任敬、高章到縣城，冒充錦衣衛拜見張公，他們悄悄對張公說：「朝廷有令，要公開處理有關耿隨朝的事情。」當時有位滑縣人叫做耿隨朝，擔任戶政的科員，主管草場，因為發生了一場大火災，朝廷下令將他羈押在刑部的監牢裡。張公聽到他們提及此事，便相信了兩人的身分。於是以禮相讓，將二位來客請進內室。任敬摸著鬍鬚，笑著說：「張公不認識我們吧！我們是霸上來的朋友，要向張公借用公庫裡面的金子。」說完，取出藏在身上的匕首，架在張公的脖子上，「如果我們能順利拿到金子，你就可以活命，否則就一刀結果了你！」張公抑制住內心的緊張，瞇起眼睛，裝出替他們著想的樣子說：「你們不是為了報仇，我也不會因為財物而犧牲性命。你們這樣暴露自己的真實身分，如果被別人發現，對你們可相當不利！」兩個強盜覺得張縣令的話十分有道理。

張公又進一步說：「公庫的金子有人看管，容易被發覺，對你們不利。有一個辦法是，我向縣裡的有錢人借貸，這樣你們可以安然無事，也不至於連累了我的官職，豈不兩全其美。」

兩個強盜聽了立即對張公的辦法表示贊同。就這樣，張縣令不露聲色地穩住了強盜，並取得了他們的信任與合作，同時心生一計。

張縣令傳令要屬下劉相前來，劉相到後，張公假意說：「我不幸發生意外，如果被抓去，會很快被處死。這兩位是錦衣衛，他們不想抓我，我很感激他們，想拿五千兩黃金當他們的禮品，以表心意。」

劉相聽了，大吃一驚，說：「這麼短時間到哪去弄這麼多金子？」

張公說：「我常看到你們縣裡的人，很有錢而且濟公好義，我請你替我向他們借。」

於是張公拿出筆來，寫某人最有錢可以借多少，某人中等可以借多少，一共寫出九個人，所借黃金正好數量符合。所寫的這九個人，實際上都是武士。

劉相看了以後，心領神會。不一會兒，名單上列出的九個人，一個個穿著華麗的衣服，像富貴人家的子弟，手裡捧著用紙包著的兵器，先後來到門口，假裝說：「張公要借的金子都拿來了，因為時間太緊迫，沒有湊足所要的數目，實在過意不去。」一邊說，一邊裝出哀求懇免的樣子。

兩位強盜聽說金子到了，喜不自禁，急忙前去查看。張縣令趁兩個強盜查看金子的空當，趕緊脫身，並大喊抓賊，這九個武士一擁而上，兩個強盜猝不及防，一個被抓，另一個被殺身亡。

張縣令遇事從容鎮定，不動聲色誘盜賊上當，暗度陳倉的手法運用的相當嫻熟。做人做事時，如果我們遇到比較棘手的事，不妨在公開行動的背後，或有真實的行動，或轉移視線，也許能夠得到一個比較圓滿的結果。

「明修棧道，暗度陳倉」製造一種假象迷惑敵人，在假象的掩蓋下，採取真實行動。不管是在生活上，還是愛情上，還是事業上，如果我們能經常運用智慧，採取此類計策，我們成功的機會就會更大一些。

假癡不癲，委曲求全

世上有的人裝腔作勢，有的人裝瘋賣傻。

裝瘋賣傻也有好處，瘋子、傻子有安全感。誰會把一個瘋瘋傻傻的人當做自己的敵人呢？又有誰會和瘋瘋傻傻的人一比高低？和瘋子、傻子決勝負，贏了也等於輸了！

「裝癡作呆」、「裝瘋賣傻」都是一種臨危之時隱其鋒芒、韜晦待機的應變戰術。運用這種戰術的分寸在於「裝假」必須「成真」、「裝瘋」必須「真傻」，必須做到天衣無縫，才能真正起到欺瞞對方、保護自己的作用。

戰國時，龐涓和孫臏是同門師兄弟。後來龐涓在魏國當了大將，孫臏就去找老同學想在他手下謀點事兒做。龐涓妒忌孫臏的才能高於自己，擔心孫臏將來功勞、成就超過自己，又聽說他熟悉《孫子兵法》，就更加提防他，忌恨他。於是，龐涓在魏惠王面前誣告孫臏裡通外國，並請惠王對其施以刖刑（即砍去雙腿的膝蓋骨），使孫臏變成了廢人。

龐涓為了把《孫子兵法》弄到手，把孫臏軟禁起來，又假惺惺地供給好吃好喝的。孫臏不知道龐涓的作為，還為他在患難中向自己伸出了援手而很感激。龐涓乘機討要《孫子兵法》。孫臏因無現成的書本，可還能記起來，就答應了龐涓的請求，憑記憶在木簡上寫起來。

龐涓原來打算等孫臏寫完了將他置於死地，龐涓所派的童僕看不慣他的所作所為，又可憐孫臏忠厚樸實，就把事情的原委一一告訴了孫臏。此時，孫臏才如夢初醒，看清了龐涓的豺狼面目。但他已身陷囹圄，如何才能逃脫虎口呢？

孫臏想來想去，終於想出了一套脫身妙計。當晚，他裝成瘋子的樣子，又哭又笑、又吵又鬧，並將已寫好的竹簡用火燒掉。

龐涓懷疑他裝瘋，就叫人把他扔進茅坑。他在茅坑裡爬來爬去，玩得很痛快。龐涓叫人送來酒食他不吃，反而把送來的垃圾當美味佳餚吃起來。龐涓看孫臏竟瘋癲成這樣子，只好甘休。

孫臏的裝瘋避禍使他最終有機會報仇，得以除掉龐涓完成自己的心願，也為中國後來的歷史增添了一部名揚四海的《孫臏兵法》。

「裝瘋」和「賣傻」都不是件容易的事，你得裝得足夠像，才能打消對手的疑慮，爲自己保存實力。切記「留得青山在，不怕沒柴燒」，要想日後升天成人傑，就要留得性命在。

「裝瘋賣傻」並不是真的愚昧、瘋癲，而是一種麻痺對手，克我制勝的智慧。

等待時機，適時出手

明代學士呂坤在《呻吟語》中說：「愚蠢的人，別人會識笑他；聰明的人，別人會懷疑他。只有既聰明而看起來又愚笨的人，才是真正的智者。」大智若愚的人總是似睡非睡，好像對什麼事都不感興趣，態度總是淡淡的、傻傻的，一副與世無爭的樣子。他們用「愚」的外表示人，實際上卻是世事洞明。

孔夫子說：「大智若愚，其智可及也，其愚不可及也。」意思是有智慧的人很多，但是有智慧而不炫耀自己，外表給人以很愚笨的感覺的人卻不多。因世人均有好名之心理，均有好誇之行爲，故「愚」難學也。

清朝皇帝康熙初掌政權時，在覺察了勢力強大的鰲拜圖謀不軌，就採用了大智若愚的謀略。

有一次，康熙為了試探鰲拜的底細，穿著便服跟索額圖一道去訪鰲拜。

鰲拜見皇上突然到來，以為事情敗露，神色慌張，急忙伸手向炕上褥墊下摸去。機警的索額圖一個箭步搶上前去抓住鰲拜的手腕，用力往外一拉，只見鰲拜手中握著一把尖刀。

鰲拜頓時臉紅筋脹，慌慌張張地解釋：「皇……上，臣……該……該死，不……不知為……何摸……」這顯然欲蓋彌彰。

康熙心裡對鰲拜想幹什麼早就一清二楚，但自己根基未穩、準備不足，還不足以與他抗衡。於是裝得若無其事，並打圓場說：「這沒有什麼，想我滿人自古以來就有刀不離身的習慣，有何奇怪！」說完便走了。

回去後，康熙從不提起此事，照樣以嬉戲打鬧為幌子，加緊訓練他的少年兵，暗中做好準備。待條件成熟時，趁鰲拜來訪，讓少年兵在打鬧中突然把他拿下，並列舉罪狀把他和他的黨羽清除。

這種甘爲愚鈍、甘爲弱者的做人之術實際上精於算計：比喻人或事物聚集的地方，使自己不露真相，進而達到麻痹和迷惑敵人，取得最後的成功。

從智謀的原則來看，假裝愚鈍、等待時機仍然體現爲以靜制動、以暗處明、以柔克剛、以反處正之道，表現爲降格以待的智慧。如果要克敵制勝，可以在不受干擾，不被戒懼的條件下，暗中積極準備，以奇制勝，以有備勝無備；如果意圖在於獲得外界的賞識，愚鈍的外表可以降低外界對自己的期待，而實際的表現卻又超出外界對自己的期待，這樣的智慧表現就能出其不意，引人重視。

「大智若愚」是在平凡中表現不平凡，在消極中表現積極，在無備中表現有備，在靜中觀察動，在暗中分析明，因此它比積極、比有備、比動、比明更具優勢，更能保護自己。

識時務者為俊傑

常言道：「識時務者爲俊傑。」所謂俊傑，不僅指那些縱橫馳騁如入無人之境、衝鋒陷陣無堅不摧的英雄，而且還包括那些看準時局、能屈能伸的處世者。忍，作爲一種處世的學問，特別是對於許多要甘居人下的普通人來說，是不可缺少的。所以，俗話說：「心字頭上一把刀，一事當前忍爲高。」

漢朝時有一個名人叫楊惲，他的父親是漢昭帝時的丞相楊敞，母親是歷史學家司馬遷的女兒。楊惲自幼便受到良好的教育，未成年時就成了當朝的名人。當時在朝廷中做郎官的人，賄賂之風極濃，有錢的人可用錢行賄，經常在外玩樂；無錢行賄的人，甚至一年中也沒有一天休息。

楊惲做了中山郎後，便把這些弊病全部革除，滿朝官員都稱讚他的廉潔。

有一次，楊惲聽見匈奴降漢的人說匈奴的單于被人殺了，楊惲便說：「遇到一個這樣不好的君王，他的大臣給他擬好治國的策略而不用，使自己白白送了命，就像我國秦朝時的君王一樣，專門信任小人，殺害忠貞的大臣，結果亡國了。如果當年秦朝不如此，可能到現在國家還存在。從古到今的君王都是信任小人的，真像同一山丘裡的貉一樣，毫無差別呀！」就這樣，楊惲被免職了。自古君王勇於改過，不信饞言者能有幾人？楊惲僅被免職，已是不幸中之大幸了。而事情並沒有就此結束。

話說楊禪原先做官時，添置家產多有不便，現在下野了，添置一些家當，與廉政無關，誰也抓不到什麼把柄，楊惲便以置辦財產為樂，在每天忙忙碌碌的勞動中得到不少快慰。

他的好朋友孫會宗聽說這件事，感到可能會鬧出大事來，心裡很不安，就寫了一封信給楊惲；勸慰他說：「官職被免掉了，應該關起門來表示『心懷惶恐』，裝出可憐的樣子，以示悔過，而你現在的態度好像在向皇上示威。要是讓皇帝知道了，是不會輕易放過你的。」

對朋友善意的忠告，楊惲並沒有聽到心裡去，回信給老朋友說：「我自己認為確實有很大的過錯，德性也有很大的污點，理應一輩子做農夫。農夫很辛苦，沒有什麼快樂，但在過年過節時殺牛宰羊，喝喝酒，唱唱歌，來慰勞一下自己，這總不會也犯法吧！」

這之後不久，那些把楊惲視為眼中釘、肉中刺的人，便向皇帝告發說：「楊惲被免官後，不思悔改，生活腐化。而且，最近出現不吉利的日食，也是由他造成的。」就這樣，皇帝命令迅速將楊惲緝拿歸案，以大逆不道的罪名將他腰斬，還把他的妻兒子女流放到酒泉。

楊惲在不滿皇帝而戴罪免官之後，本來應該學乖點，接受友人的勸告，採取「厚」的策略，裝出一副堪於忍受損害與侮辱、逆來順受的可憐樣子，說不定皇帝和敵人還會放過他。即使是最兇惡的老虎，看到羚羊已經表示屈服，也不會再窮追不捨。但楊惲並沒有接受教訓，他依然置家產、交朋友，這不是明擺著對自己被貶不滿嗎?他就是一個典型的不識時務之人，最終給自己和家人招來厄運。楊惲不懂得掩飾自己，不知提防他人，最終釀成悲劇。

測試

測測你的說謊水準

有一天，兔子在森林中的遇到了饑餓的老虎，你認為兔子應該跟老虎說了些什麼話？

A、不要吃我，我的肉很難吃。

B、不要吃我，我原本也是隻老虎，受了魔法之後，才變成兔子。

C、獵人馬上就要來了，快跑啊！

D、想吃了我就吃了我吧。

測試解析：

♠選A的人：

說謊的水準並不是很高，可是遇到難題總會說謊。說謊方式過於單純，會被人揭穿。

♠選B的人：

是個大騙子。你說出的謊言非常巧妙，一般不會被揭穿。可是對方一旦發現了，會感覺很受傷害，可能會報復你。

♠選C的人：

在必要時才說謊。通常都是怕說了真話會傷害到對方，才會無奈地說謊。你的謊話是帶有善意的，但反覆多次也會失去別人的信任。

♠選D的人：

從不會說謊。你爲人正直、誠實，深受大多數人的信賴與尊敬是個模範，但在小人眼裡是眼中釘，是他們的第一排斥對象。

4

如何高明地說謊

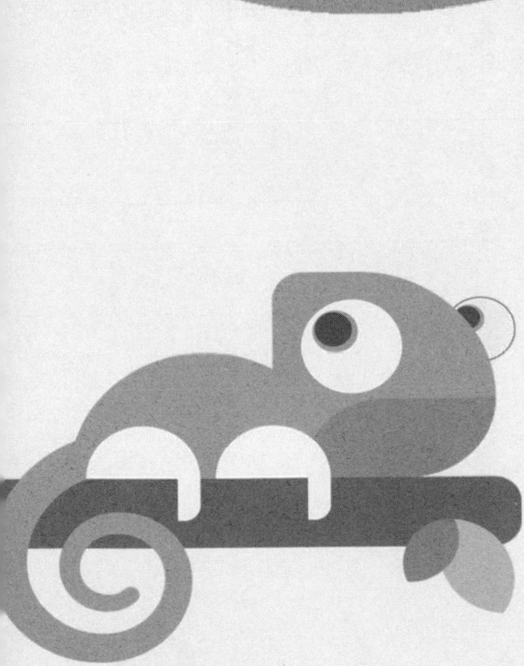

謊言「攝心術」——利用人的慾望

謊言有時就像一把利劍，可以用來攻擊他人，也可以用來自衛，全看你如何運用。如果你把劍柄操握在自己手中，它就成了你攻擊對手的有力武器；如果你深諳劍法，不論手中有劍無劍，它怎樣進攻，從哪一個角度攻，你都可退可讓，應付自如。所謂「攝心術」實際上是一種控制人的心理、行爲、意識的技術。在日常生活中也能用到。

有個人名叫哈桑，有一次他借了兩千金幣給一個商人。但因為一時疏忽，哈桑不小心把借據弄丟了，他翻遍了家裡所有的地方，都沒找到，急得他猶如熱鍋上的螞蟻。哈桑趕忙跑去找他最要好的朋友納斯列丁，請他幫忙出主意。

「如果那個商人知道我丟了借據，就不會把錢還我了。真主在上，那是兩千金幣啊！」哈桑對納斯列丁說。

「商人借錢時沒有第三個人知道嗎？」納斯列丁問。

「他把錢借走之後，我才告訴我妻子的。」

「那情況就比較糟了。」納斯列丁說，「商人借錢的期限是多長時間？」

「一年。」

納斯列丁沉思了片刻，為哈桑想出了個主意：「你可以向那個商人要一個借錢的證據。」

「什麼？向借錢的人要借錢的證據？你不是在跟我開玩笑吧，這怎麼可能？」哈桑困惑不解，感到納斯列丁荒唐可笑。

「對，我沒有開玩笑，只有這個了。」納斯列丁說。「你馬上寫封信給商人，要求儘早歸還你借給他的三千金幣。」

「三千金幣？我只借給他兩千金幣啊。」

「你去信催討三千金幣，他肯定立刻回信，說明他只欠你兩千金幣。這樣一來，你手頭不就有證據了嗎？」

哈桑一聽有道理，便寫了一封信，並且把急著催這筆借款的理由說得很充分。果然，不到十天工夫，商人回了一封親筆信，信中這樣寫道：「我現在不能把錢還給你，因為我們商定的借期是一年。至於借款的數目，你搞錯了，肯定錯了！我只借了兩千金幣，絕不是三千金幣，你那裡有我親自寫的借據。

「真主在上，我借的是兩千金幣，絕不是三千金幣……」

哈桑看著這封信，高興極了，他不得不佩服納斯列丁的聰明。

就這樣，哈桑又重新拿到了商人向他借錢的證據，避免了不必要的損失。

當我們想要對方做自己希望他做的事時，如果直截了當，直來直去，往往達不到自己的目的，甚至還會適得其反。相反的，如果你先去掌握對方的心理規律和特點，利用謊言去誘導對方，讓對方主動去做你想讓他做的事，就會間接地達到你的目的。這就是所謂的心理控制或者說「攝心術」。

故事中的哈桑如果直截了當去跟商人說明情況，商人除非極有道德，否則很有可能就不承認曾有過這筆借款，結果死無對證，哈桑也拿他沒辦法，只能落得「啞巴吃黃連——有苦難言」。要商人再寫一張借據也幾乎不可能，甚至他知道借據不見了，還可能馬上就賴帳。

納斯列丁可能是精通心理控制術的人，爲哈桑出了個巧妙的主意，給商人設個圈套，讓他自己往裡面鑽，主動承認借錢這件事和借款數額，等於讓他在不知不覺中又開了一張借據。

我們不得不嘆服故事中的納斯列丁的智慧。這個故事也讓我們懂得，當自己的利益受到威脅，用正面的方法很不奏效時，我們不妨適當借助一些「無害的謊言」來保護自己，這也是一種生存策略和處世的謀略。

把動機悄悄地隱藏起來

如果我們做一件事情時，把目的和動機完全暴露在外面，極有可能引起我們對手的防備。因此，隱藏動機在很多時候相當有必要。

有一個商人來到一個市鎮做買賣。商人打聽到幾天後這裡將有特別便宜的商品出售，就想等到大減價日子買些便宜的東西。

但是他身邊帶了很多金幣，當時又沒銀行，所以走到哪就必須帶到哪，既沉重又不方便，最重要的是還很不安全。於是，商人一個人悄悄來到一個僻靜的地方，瞧瞧四下無人，就在地上挖了個洞，把金幣全部埋了進去，並用雜物掩蓋好後，便輕鬆地走了。

可是，當商人過幾天準備拿出金幣做交易的時候，卻發現自己悉心藏好的金幣不翼而飛。

商人悲痛欲絕，在那裡呆呆地站了很久，再三回憶，當初埋金幣的時候，四周絕對沒有人，怎麼會不見呢？

就在這時，商人發現遠處有一間小房子，房子的牆上有扇窗戶正對著自己埋金幣的地方。他想：莫非是那個房子裡的人偷走了我的金幣？但無憑無據，上門討要是絕對行不通的。經過深思熟慮，他終於想出了一個妙計。

商人面帶愁容地來到小房前敲開門，看到了住在裡面的主人。

「喂，你想幹什麼？」房子的主人心存戒備地首先問話了。

商人恭敬地說：「對不起，我是從鄉下到這裡來辦貨的，現在又累又餓，您能不能收留我休息一會兒，並且給我弄些吃的東西。」

說完還遞給主人一枚金幣，那人一聽不是來追要金幣的，頓時鬆了口氣，收了錢大度地說：「進來吧。」

過了一會兒，兩個人有些熟絡了，商人又說：「我是個外鄉人，到這裡來辦貨，身上帶了兩個錢包，一個裝了五百金幣，一個裝了八百金幣，我已經把小錢包埋到了一個無人知道的地方。現在的問題是，大錢包是埋起來比較安全呢？還是交給能夠信任的人保管比較安全呢？」

商人在提出這個問題的時候，故意裝出一副極其虔誠、極其認真的樣子。

房子的主人一聽，從商人的話裡知道，他到現在還沒有發現自己的錢包已經不見了。於是，不假思索地建議道：「這很好辦，如果我是你的話，對什麼人都不信任，我寧願把兩個錢包放在一起。」

「好極了，就按你說的做。」商人告別後，故意在埋金幣的地方逗留了一會兒，才悄悄地離開。

商人猜得沒錯，偷金幣的人正是房子的主人。等商人走後，房子的主人就立刻跑出來，將那裝滿五百金幣的錢包又埋了回去。他想等商人再來藏另一包金幣時，把兩包金幣都據為己有。

結果，商人連夜取走了自己不見的金幣。

聰明的商人利用小偷貪婪的心理，使自己被偷的金幣失而復得。他的精明之處就在於他故意裝作不知道丟了東西，騙對方說還要做同樣的事情，就在這「裝傻」、隱藏真正動機的行動中，對方才對收到的資訊確信不疑，也才使得商人終於拿回了屬於自己的東西。

隱藏動機，迷惑你的對手，這樣你就能爭取更多的主動權，這是一種藝術，是一種智慧，這需要培養和累積才能做到的。

為虛榮心設計謊言

如果你求人辦事時對別人撒謊，當然是不好的事，但是你直接向對方挑明你的目的，更有可能會碰一鼻子灰。尤其是當你面對的是充滿心機並有高智商的人時，如果不精心設計，說點小謊，你就可能不會成功。

讓我們看看哈伯博士的一段經典「謊言」是如何運作的。

已故的哈伯博士原來是芝加哥大學的校長，也就是他那個時代最好的一位大學校長，他曾為學校籌募了數額龐大的基金。洛克菲勒捐款百萬美元以支持芝加哥大學就是由他籌資的。

一次，哈伯博士需要一百萬美元來興建一座新的建築。他拿了一份芝加哥百萬富翁的名單，研究可以向什麼人籌募這筆捐款。哈伯博士選了其中兩個人，他們都是千萬富翁，而且是生意場上的死對頭。其中一位當時是芝加哥市區電車公司的總裁。

哈伯博士選了一天的中午時分，這時候，辦公室的人員都已外出用餐了。他悠閒地走入總裁辦公室。因為哈伯博士知道如果透過正常方式向這位總裁發出請求並約定見面的時間，這一定會浪費很多時間，並讓這位總裁有時間準備充分的理由來拒絕這個讓他花錢的請求。而現在對方對於他的突然出現，大吃一驚。

哈伯博士自我介紹說：「我叫哈伯，是芝加哥大學的校長。請原諒我自己闖了進來，外面辦公室沒有人，我只好自己決定走了進來。」

做完簡短的自我介紹後，哈伯博士繼續說：「我曾多次想到你，以及你們的市區電車公司。你已經建立了一套很好的電車系統，賺了很多錢。但是，每一想到你，我總是會想到，總有一天你就要進入那個不可知的世界。

在你走後，你並未在這個世界上留下任何紀念物，因為其他人將接管你的金錢，而金錢一旦易手，很快就會被人忘記它原來的主人是誰，每當想到這裡，我都不禁會為你惋惜。

我想到提供一個讓你的姓名永垂不朽的機會。我可以允許你在芝加哥大學興建一所新的大樓，以你的姓名命名。我本來早就想給你這個機會，但是，學校董事會的一名董事卻希望把這份榮譽留給××先生（電車公司老闆的敵人）。不過，我個人在私底下一向欣賞你，而且我現在還是支持你，如果你能允許我這樣做，我將去說服校董事會的反對人士，讓他們也來支持你。

今天我並不是來要求你做出決定，只不過是我剛好經過這裡，想順便進來坐一下，和你見見面，談一談。你可以考慮一下，如果你希望和我再談談這件事，麻煩你有空時撥個電話給我。

再見，先生，我很高興能有這個機會和你聊一聊。」

說完這些，他把自己的名片放到總裁的辦公桌上並低頭致意，然後退了出去，不給這位電車公司的老闆表示意見的機會。

事實上，這位電車公司老闆根本沒有任何機會說話，都是哈伯先生在說話，而這也是他事先計劃好的。他進入對方的辦公室只是為了埋下種子，他相信，只要時間來到，這顆種子就會發芽，成長壯大。

果然，正如他所預想的那樣，他剛回到辦公室，電話鈴聲就響了，是電車公司老闆打來的電話。他要求和哈伯博士定個時間，具體談談這件事情。

第二天早上，兩人在哈伯博士的辦公室見了面。一個小時後，一張一百萬美元的支票就交到哈伯博士的手上了。

爲了清楚地展示哈伯先生說服別人的高明之處。我們不妨再來做這樣的假設，他在和那家電車公司老闆見面後，開頭就實話實說：「芝加哥大學急需基金來建造大樓，我特地前來請求你協助。你已經賺了不少錢，你應該對這個使你賺大錢的社會盡一份力量才對（也許，這種說法是正確的）。如果你願意捐一百萬美元給我們，我們將會把你的姓名刻在我們所要興建的新大樓上。」如果真是這樣，結果會如何呢？

顯然，沒有充分的動機足以吸引這位電車公司老闆的興趣。這句話也許說得很對，但他可能不願承認這一個事實，那麼，很大的可能就會遭到拒絕。

哈伯博士的高明之處就在於：

第一，利用合適的時間。午休時，辦公室的文職人員都不在，省去了不必要的過程，而那位總裁的精神狀態也處於放鬆階段。

第二，合理的理由。讓這位成功的總裁永垂不朽，準確地抓住了總裁的心理需求。

第三，巧妙的方法。他以特殊的方式提出說詞，而製造出機會。他使這位電車公司老闆處於防守的地位（似乎是哈伯在幫他的忙，而不是有求於他）。他告訴這位老闆說，他（哈伯博士）不敢肯定一定能說服董事會接受這位老闆想使他的姓名出現在新大樓的慾望，因爲，他在那位老闆腦中灌輸了這個念頭：如果他不予捐款的話，他的對手及競爭者可能就要獲得這項榮譽，由此激起了那位老闆好勝的虛榮心，以至不捐款反而不痛快了。

每個人都有或多或少的虛榮心，用謊言來滿足對方可以更容易達到你的目的。所以你應該記住：必要時得「要詐一下」，善意的謊言更能讓人成功。

虛設一條底線

與人相處，真誠是最重要的。但在某些時候，謊言又有著它獨特的作用。特別是在與對手交涉或談判時，爲了說服對方，可以虛設一些場景，讓對方誤會我們的底線，以求得真話難以取得的效果。

一次，某市與一家A外國公司代表就建立化肥廠事宜進行接觸，幾次會議都很順利，雙方確定了利用港口優越條件的專案。後來，另一家B外國公司也參加進來聯合辦化肥廠。

第一次三方談判中，B外國公司的董事長出席，在聽過中外雙方已經進行的一些籌備工作介紹之後，他斷然表示：「你們前面所做的一切工作都是沒有用的，要從頭開始！」

聽到這話，市政府代表和先前A外國公司的代表都感到很為難。因為，在此之前，雙方已經做了大量的準備工作，也花費了大量的人力，財力。但是，這位董事長有著很高的權威性，他的公司在A公司的所在國擁有許多企業的大量股份，他的話沒有人敢於反駁。但是，如果按照這位高傲的董事長的建議從頭開始的話，不僅前面的工作成果會付諸流水，更重要的是會浪費更多時間，甚至會讓這個項目擱淺。

人們沉默著……

此時一位市政府代表打破了沉默，他說：「我代表地方政府聲明：為了建立這個化肥廠，我們確定了一處接近港口、地理位置優越的一塊地作為廠址。也為了尊重我們的友誼，在其他許多合資企業向我們申請這塊土地的使用權時，我們都拒絕了。如果按照董事長今天的提議，事情將會無限期地拖延下去，那我們只好馬上把這塊土地轉給別人了。對不起，我還有別的重要的事，我宣佈退出談判，下午我等你們的消息。」說完，他拎起皮包就走出了談判廳，躲到別的房間看報紙去了。

半小時以後，另一位市政府代表跑來報告好消息：「董事長說了，快請你回去。他們強烈要求迅速徵用港口的場地……」接下來，談判進行得非常順利。

由於談判對手有一定聲望，當面唱反調會讓對方失面子，不利於談判，於是，市政府代表用「謊言」描畫出一幅競爭激烈、時不我待的情景，對方自然就不會再堅持己見，心甘情願地做出了讓步。

這位政府官員的打破僵局，講明事實，虛設底線，使高傲的外商有危機感，不得不做出讓步。他敏銳地找到對方的底線，並且提高了自己的底線，然後用自己的行政權力來影響談判，這位官員代表政府，本意是希望促成這場談判的，但在關鍵時刻他敢於站在客戶的立場上果斷離開談判桌，可謂有勇有謀。

「大不了我們不做了，」有了這樣的心態就不會再有負擔，而沒有負擔的談判往往是效率最高的、結果最好的談判，在充分瞭解對方利益需求的基礎上來設置自己的底線，往往可以達到這一效果，最終使得談判順利進行。

巧妙運用虛張聲勢

與人交往不是說任何時候都老老實實的才好，辦事要具體問題具體分析。

如果你自己沒有任何可供利用的資本，就只有採用無中生有的辦法，但是，如果你並不是一無所有，你就可以「以小充大」了。換句話說，在求人時，可以把僅有的「資本」集中在一個點上，讓對方只看到你強大的一面，從你這個側面的強大，對你的整體實力產生錯覺。

想辦成某件事，而自身力量又不夠的人，運用這種方法如果得當，確實能夠「瞞天過海」。

二十世紀的三〇年代，福松商會在日本神戶地區開張，年少得志的松永左衛門，擔任商會經理。開張不久，神戶最出名的西村豪華飯店的一個侍者給經理一封信，是一位叫山下龜三郎的先生讓送來的，松永打開信，上面寫道：「鄙人是橫濱的煤炭商，承蒙福澤桃介（松永父親老友，借了鉅資給松永作商會的開辦費）先生的部下秋原介紹，欣聞您在神戶經營煤炭，請多關照。為表敬意，今晚鄙人在西村飯店聊備薄宴，恭候大駕，不勝榮幸。」

當晚，松永一踏進西村飯店，就受到熱情款待，山下龜三郎對他畢恭畢敬，使得松永不免有些飄飄然了。

酒宴進行中，山下龜三郎提出了自己的懇求：「我有個朋友在橫濱地區有一家相當大的煤炭零售店，信譽很好。如果松永先生願意信任我，讓我為您效勞將貴商會的煤炭賣給這個朋友，他一定樂於接受。貴商會也會從中得到不少利益。我只收取一點傭金就行了。不知先生意下如何？」松永聽完之後，心裡就慢慢盤算起來。

還沒等他開口，山下龜三郎就把女招待叫來，從懷裡掏出一疊大面額鈔票，並隨手抽出幾張給女招待，請她幫忙買些神戶的特產瓦形煎餅來。並當著松永的面，十分闊綽地抽出一張作為小費。

松永看著那一大疊鈔票，暗暗吃驚。心想：這位山下先生來頭不小啊！

稍作思考，便對山下龜三郎說：「山下先生，我可以考慮接受你的請求。」經過簡單的談判後，松永便與山下龜三郎簽下了合同。

豐盛的晚宴後，松永一離開，山下龜三郎便馬上搭上末班車回橫濱去了，西村飯店那樣高的消費，哪是山下龜三郎所能住得起的？

山下龜三朗的那一大疊鈔票，其實只是他以橫濱那不景氣的煤炭店作抵押，臨時向銀行借來的；介紹信則是在瞭解了福澤、秋原與松永的關係後，藉口向福松商會購買煤炭，請秋原寫的。然後，山下龜三郎又利用豪華氣派的西村飯店作舞台，成功地上演了一齣財大氣粗「打腫臉充胖子」的好戲。

從此以後，山下龜三郎就直接從福松商會得到煤炭並轉手賣給別人，利潤滾滾而來。

業務介紹信、飯店裡設宴談生意、給招待員小費，是日本商界中司空見慣的。山下龜三郎就是利用這些極爲平常的小事，大方的出手顯示自己擁有雄厚的實力。而年輕的松永，被山下龜三郎誠懇恭敬的熱情招待和慷慨大方所迷惑，果真把山下龜三郎當成氣派的大款對待了，並與其簽下了合同。

聰明的山下龜三郎給松永提供的資料可說是有真有假、亦是亦非，他利用這些虛虛實實的情況而贏得松永的信任，進而達到自己的目的。

在商業經營過程中，虛張聲勢經常能夠迷惑對手的判斷力，突破對手的心理防線，使他不自覺地相信你虛擬的事實，進而佔據交易的先機，取得良好的經營效益。對於實力不強、規模較小的企業來說，虛張聲勢還有助於迅速發展自己的企業，做到以弱勝強。

不過，在應用的時候一定要掌握好分寸，切忌搬石頭砸了自己的腳，到時你喪失的不僅是商機，甚至還會失去信譽。

以假亂真，迷惑對手

古代戰場上，諸葛亮曾以兩千五百名士兵巧設空城計，利用司馬懿的疑心，智退二十萬大軍，出奇制勝。空城計之所以奏效，是因爲它提供的資訊虛虛實實，讓人無從琢磨。這種方法在現代商場上也時有運用。

南方某省盛產紅茶，這一年茶葉豐收了，茶農們踴躍地將茶葉賣給了茶葉收購處，這使得原本庫存量就不小的茶葉進出口公司，庫存進一步增加，形成了積壓，而積壓最嚴重的就是紅茶。這麼多的茶葉讓進出口公司的業務員很煩惱，該如何設法銷出去呢？

正在這時，有外商來詢盤。

進出口公司覺得這是個好機會，一定要把握住。為此，他們做了周密部署。在向外商報價時，進出口公司將其他各種茶葉的價格按當時國際市場的行情逐一報出，唯獨將紅茶的價格報高了。

「其他茶葉的價格與國際市場行情相符，為什麼紅茶的價格要那麼高？」外商看了報價，當即提出疑問。

進出口公司方的代表坦然地說：「因為今年紅茶收購量低，庫存量少，加上前來求購的客戶多，所以價格就只會上漲。有句古話叫僧多粥少就是這個意思。」

外商對進出口公司所講的半信半疑，所以談判暫時中止了。

隨後的幾天，又有客戶前來詢盤。出口公司照舊以同樣的理由、價格回覆他們。外商心理犯起了嘀咕：真的像他們所說的那樣嗎？若是真的需求量大而庫存量少的話，還得趕快簽訂收購合同，否則價格還會提高。

雖說外商對紅茶的報價心存疑問，想瞭解真實的情況，但也不可能因為紅茶的價格略比往年高，就派人去實地考察。於是就透過間接的途徑向其他客戶查問，查問結果與自己獲得的資訊是一樣的。

最終，外商與進出口公司就關於購銷紅茶一事簽訂了合同，唯恐遲了無貨可供。

價格方面，當然也按進出口公司所報的價。

在這個例子中，進出口公司就是很好地利用了「空城計」的戰術，故意傳播虛假資訊，說是「紅茶庫存量少，需求量大，價格上漲。」並對自己的資訊做了周密的準備，使對方無法證實資訊的真假，最終不但將茶葉銷售一空，而且還賣了個好價錢。但如果一開始進出口公司的工作人員就暴露出紅茶豐收的資訊，那麼外商一定會想方設法地壓低價格，使進出口公司遭受不必要的損失。

虛張聲勢，以假亂真，充分利用資訊的不對稱性和對方的心理，牽著對方的鼻子走，實現自己的利益最大化。

自導自演雙簧戲

有時候我們做事情時卻發覺沒有什麼條件可憑藉。遇到這種情況，「沒有條件，創造條件也要上」來個自導自演，以「謊言」讓對手相信，並爲你辦事。這樣的「謊言」是一個聰明能做個事的表現，還可獲得別人的尊敬。

張作霖本是「綠林匪首」為了轉為清政府的「正式幹部」，他別出心裁攀附上了盛京將軍曾祺，實現了自己的夢想。一九〇〇年，張作霖已成為東北幫派土匪中一股不小的勢力。這一年清政府恢復了曾祺的職務，要他回奉天收拾殘局。

張作霖看到中俄戰爭已經結束，土匪的日子日益難過，就想洗手不幹，轉為歸順朝廷。但張作霖若直接去投靠曾祺是很危險的，弄不清曾祺的心思，搞不好會被一網打盡，落個身首異處。

恰好曾祺的姨太太要從關內返回奉天，此事被張作霖手幹將湯二虎探知，急忙報告。張作霖一拍大腿，說：「這真是天助我也！」

於是張作霖就吩咐湯二虎，如此如此行事。

湯二虎在新立屯設下埋伏，將曾祺的姨太太一行攔下，隨後把他們押到新立屯的一個大院裡。

曾祺的姨太太和貼身侍者被安置在一座大房子裡，四周站滿了持槍的土匪，這時，張作霖飛馬來到大院。故意大聲問湯二虎：「哪裡弄來的馬？」

湯二虎大聲說：「這是弟兄們在御路上做的一筆買賣，聽說是曾祺將軍大人的家眷，剛押回來。」張作霖假裝憤怒說：「混帳東西！我早就跟你們說過，咱們在這裡是保境安民，不要攔行人，今後如有為國效力的機會，我們還得求曾大人照應！你們今天卻做出這樣的蠢事，將來怎麼向曾祺大人交代？你們今晚要好好款待他們，明天一早送他們回奉天。」

屋裡的曾祺姨太太聽得清清楚楚，當即傳話要與張作霖面談。

姨太太很感激地對張作霖說：「聽罷你剛才的一番話，知你將來必有作為，只要你保證我平安回奉天，我一定向將軍保薦你這一部分力量為奉天地方效勞。」

張作霖聽後大喜。次日清晨，張作霖侍候曾祺姨太太吃好早點，然後親自帶領弟兄們護送姨太太回奉天。

姨太太回到奉天後，即把途中遇險和張作霖願為朝廷效力的事向曾祺將軍講了一遍。曾祺自然感謝張作霖，立即奏請朝廷，把張作霖的部眾編為巡防營。

張作霖從此正式告別了「胡匪」、「馬賊」的生活，成為真正的清廷管帶（營長）。

張作霖原本與曾祺是有點關係的，憑這些被招安容易，但弄個好官卻很難。天不弗其願，曾祺的姨太太路過他們那裡，給了他一個獻媚曾祺的機會。他與湯二虎演了一段雙簧，順利地達到了目的。就這樣，張作霖利用「雙簧戲」成功地由黑道轉爲正道。

當然，騙子也常常利用「雙簧戲」來害人，我們遇到別人忽如其來的「好意」時，應仔細綜合分析種種跡象，弄清楚其中絲絲縷縷的聯繫，就能識破騙子的「雙簧戲」，看清他的真面目了。

在合適的時候撒合適的謊

誠實固然是值得稱道的美德，可是卻不易時時做到，對人對己都是一樣。在必要時，也可以用善良的謊言去獲取別人的信任。謊言是取得他人信任和獲得成功的一種有效的方法。

英國人文主義者阿謝姆說：「在適當的地方說適當的謊言，比說傷害人的真話要好得多。」可見，說謊是人類生活中不可避免的，在很大程度上，它是一種生存計策。

原ＩＢＭ中國區總經理吳士宏，就曾經用一句小小的「謊言」，為自己贏得了走向未來輝煌的機會，她的事蹟表明恰當的時候撒謊比不撒謊好得多。

多年以前，吳士宏還只是一個護士。一九八五年，她決定要到ＩＢＭ去應聘。當時，IBM的招聘地點在長城飯店，這是一個五星級的飯店——那個時候的五星級飯店就像西方小說裡的盛裝貴婦，輝煌而傲慢，不是一般人可以涉足的。

吳士宏回憶說，在長城飯店門口，她足足徘徊了五分鐘，呆呆地看著那些各種膚色的人從容地邁上台階，一點也不生疏地走進門去，就這樣簡簡單單地進入另一個世界。她之所以徘徊了五分鐘不敢進去，就是因為她的內心深處無法丈量自己與這道門之間的距離。

經過一番思考，吳士宏鼓足了勇氣，終於走進了當時世界最大的資訊產業公司IBM公司的北京辦事處。她的確非常優秀，順利地通過了兩輪筆試和一輪口試後，進入了最後一輪——面試。

主考官沒有提什麼難的問題，只是隨口問：「妳會不會打字？」吳士宏本來不會打字但是本能告訴她，到了這個地步，如果因為達不到這點小要求而與這份工作失之交臂就太可惜了。

吳士宏點點頭，只說了一個字：「會！」

「一分鐘可以打多少個字？」

「您的要求是多少？」

「每分鐘一百二十字。」

吳士宏不經意地環視了一下四周，考場裡沒有發現打字機，馬上回答道：「沒問題！」主考官說：「好，下次錄取時再加試打字！」

就這樣，她順利地通過了主考官的考驗。

實際上，吳士宏從來沒有摸過打字機。面試結束後，她就飛快地跑去找一個朋友借了一百七十元買了一台打字機，沒日沒夜地練習了一個星期，雙手疲乏的連吃飯都拿不穩筷子，最終達到專業打字員的水準。

她被錄取了，並且迅速脫穎而出，很快做了業務代表；她是第一批赴美國本部進行戰略研究的華人，也是ＩＢＭ華南地區第一個總經理。此後，吳士宏又登上了ＩＢＭ（中國）公司總經理的寶座。

吳士宏的成就是有目共睹的，她的成就的取得與她的天資和努力不無關係，但關鍵時刻的那個小小的謊言，卻說明吳士宏成功地闖過了面試的最後一關，打開了通往日後成功之路的大門。倘若不是吳士宏「打腫臉來充胖子」，一口「咬定」能夠達到公司的打字要求，可能也就沒有那個日後叱吒商界的吳士宏了。

開個玩笑說，也許就是這個小小的謊言，成就了這個商界女強人。試想，如果面試時吳士宏面對這個問題，誠實地回答了「不會」，那將會是一個怎樣的結局呢?所以，做人適當時撒點「小謊」「打腫臉來充胖子」也是爲自己爭取機會的一種方法。

但不要忘了，謊言的運用是有限度的，只能在適當的時候、適當的地方運用，又要有適當的手段，爲人處世仍要以誠爲本。如果不分場合，不分條件，一味地講謊話，只會自食惡果。

借「謊言」走下台階

生活中，面對有些情景，我們講的實話對人、對己、對事都無益。既然真話會傷害別人，我們可製造一些「謊言」，它可以達到潤滑作用，可以使人際關係更融洽、更親近。一個人滿嘴謊言一定不是好事。但是，一個人要是連一句謊言也不會說，也不一定是好事。

郭峰是一個很無趣的人，孟欣很不喜歡和他在一起，所以當郭峰邀孟欣下班後去吃飯時，他就編了個謊話說：「今天有點事，實在沒時間。」

像孟欣拒絕郭峰的邀約，就是使用說謊的權宜之計，因為不管怎樣，孟欣總不能說：「和你這種人喝酒實在是很無聊的事，所以我不想去。」這樣說是很傷感情的。

打發了郭峰後，孟欣約業務科的老陳到公司附近的小館子去喝一杯。

兩人喝得正起勁的時候，郭峰突然出現了：「孟欣，你不是說今天沒空嗎？……」很顯然，這是一個極尷尬的場面。由於事出突然，孟欣一時也找不出話回答，只是心想要怎樣才能消除這種尷尬。

孟欣該怎麼辦呢？如果以實相告，那麼同事間這個「梁子」算是結下了。這時要注意，謊話比真話更容易讓人接受，但說謊一定要藝術一些。既要避免跟對方針鋒相對，又要達到自己的目的，有時候一個「善意的謊言」是非常有效的。在這種情形下，最好就是大家都坐下來喝酒。而且對第三者出現的理由，一定也要有交代。

「本來約我今晚談生意的人，在你離開後打電話來說臨時有急事要取消約會。使得我很懊悔沒有接受你的邀約，等我去找你時，你已經離開了。湊巧碰到老陳，所以我找他來這裡喝一杯……」

這樣既給自己找了台階下，也照顧了對方的感受，一個小小的謊言，卻能有著化干戈爲玉帛的作用。

當然，在酒桌上好說話，容易圓謊。要是在其他場合中謊言被識破該怎麼辦呢？

用「裝傻充愣」的辦法也能順利「過關」。

企劃部的春美請求建成幫她修改一篇文章，春美把文章複製到隨身碟交給了建成。兩天後，春美問建成改好沒有。建成愣住了，因為他壓根兒忘了這件事。但如果直說，顯然會傷害到春美，所以建成答道：「實在對不起，我也為這件事煩著呢！我本來已改好了，可是電腦中了毒，檔案全被刪除了，給我一天時間，我會再做一份出來的。」建成回去後趕緊修改，圓了這個謊言。

說謊有術，圓謊有招，與人交往時懷著善意的目的把謊話說得好聽，讓謊言給人帶來歡樂，是一種本事，也是一種美德。我們會遇到一些意想不到的情況而陷入窘境，這時候，不撒個小謊還真不行。只要目的的單純，沒有害人之心，謊言是一把上得來下得去的梯子。

韜光養晦，不露鋒芒

人類社會的發展一直都處在一種競爭狀態，爲了繼續生存，每一個人都有自己獨特的生存本領，韜光養晦就是其中一種高明而有效的方法。所謂韜光，是隱藏自己的光芒；所謂養晦，是處在一個相對不顯眼的位置，它和低調的意思基本相同。韜光養晦的一個基本要求是掩飾目標和隱藏動機。

行爲者必須把自己的目標和動機「藏起來」，時間要足夠長，忍的功夫要到家才行。當你成功地迷惑了敵人，你就是一個成功地掌握韜光養晦這種藝術的人。

民國驍將蔡鍔將軍，在與袁世凱鬥智中，把韜光養晦隱忍成事這一謀略運用得十分嫻熟。袁世凱竊取革命果實後，想拉蔡鍔入夥，便以組閣為由，召其進京。蔡明知是調虎離山之計，卻毅然離滇北上。

面對袁的籠絡，蔡裝出自暴自棄的樣子，整天飲酒狎妓，在八大胡同流連忘返。蔡整日沉迷於醇酒婦人，曠廢公務，連好朋友都譏笑他是「假道學難過美人關」。袁氏親信更是大進讒言，說盡他的壞話。儘管如此，袁仍不放心，每天都要派密探監視蔡的行蹤。

不久，袁氏稱帝，蔡內心作痛卻不動聲色，也靦然勸進，曉諭部下擁戴帝制。蔡還整天與袁氏幫兇六君子、五財神、八大金剛等人周旋，甚至幫助籌備登基大典。

袁氏疑慮稍減，於是拿出鉅款收買蔡鍔。蔡暗中把錢存下以作日後舉事經費，為了把這場戲演得更逼真，蔡鍔不僅不再給母親問安、冷落結髮妻子，而且表面上更是沉溺於酒色，還經常留宿名妓小鳳仙之處，甚至為口角鬧到法庭要與夫人離婚。

這下子，袁世凱放心了，把密探全部撤掉了。對此，蔡鍔仍無什麼反應，反而整日忙於廣置田產、修造房屋、收集古玩，連公府召見也難得一見蔡將軍的影子。妻子和母親一氣之下離京南下，蔡鍔長舒一口氣，他假戲真唱，招招式式功夫扎實，連袁世凱這個狡猾的老狐狸也沒能識破他的苦肉計。

一天傍晚，蔡鍔在小鳳仙的住所舉行宴會，遍請六君子、五財神等高朋好友，席間歌聲笑語、絲竹齊鳴，加上猜拳行令、謔浪歡呼，一派花天酒地的景象。蔡將軍大飲大嚼，興致欲狂，終於酩酊大醉，嘔吐狼藉，來賓們也都酒意十足，暢然散去。

次日天未破曉，小鳳仙推醒蔡鍔說：「時間已經到了。」

蔡將軍霍然而起，悄然離去，赴天津，去日本，轉道海上至雲南。直至雲南獨立，其他各省繼起回應，人們方才領會他的韜光養晦之計。

蔡鍔將軍縱情聲色、購置田產、與妻子鬧離婚等等，都不過是故意掩飾自己的真實面目，麻痹老奸巨猾的袁世凱，爲脫身反袁做掩護。對此，袁世凱毫無察覺，等蔡鍔達到目的後，袁氏夢醒無奈。

蔡鍔將軍的僞裝之術精妙之極，在袁世凱眼皮底下使出障眼法，來了個「大變活人」，徹底擺脫了袁世凱的羈絆。看來，忍得一時之氣，方能爲日後大有一番作爲保存力量。

我們不得不深思韜晦的魅力。一個人如果能成功地應用韜光養晦來迷惑敵人，那麼他離成功已經不遠了。但是要做到不動聲色，看似容易，實則難極。

一個人的本性是極難改變的，稍不留意，你內心的祕密便透過表情和動作流露出

來了，就有可能被人看穿，以前的努力便付之東流了。

所以，把自己隱藏起來須做到滴水不漏，讓人看不出破綻。這不是一朝一夕的工夫，需要過人的智慧、心胸、忍耐力和承受力，不過一旦「修練」成功，一定會對你的人生增色不少。

放低姿態，以詐取誠

在人性的叢林裡沒有絕對的強與弱，只有相對的強與弱，懂得「遇強示弱，遇弱示強」，才能掌握主動，化不利爲有利，化挑戰爲機遇。

一位電腦博士畢業後去找工作，他有個顯赫的博士頭銜，求職的標準當然很高。但是，他連連碰壁，根本沒有人想錄用他。想來想去，他決定換一種方式求職，他收起所有的學位證明，以「最低身分」去求職。

不久，他就被一家公司錄用為程式輸入員。儘管這個工作對他來說是大材小用了，但他仍然做得認認真真，一點也不馬虎。

不久，老闆發現他能看出程式中的錯誤，而那不是一般的程式輸入員可以做到的。

這時他才亮出了學士證書，老闆吃了一驚，隨後給他換了個與大學畢業生相稱的工作。

過了一段時間，老闆發現他時常提出一些有價值的建議，遠比一般大學生還要強。就在老闆肯定他的才能時，他又亮出了碩士證書，老闆見後又提升了他。

再過了一段時間，老闆覺得他還是與別人不一樣，就對他「質詢」，此時他才拿出了博士證書。這時老闆對他的水準已有了全面的認識，便毫不猶豫地重用了他。

這位博士最後的職位，也就是他最初理想的目標。但如果他一味地強調用自己的高學歷去找工作，那他的求職路也許要艱難很多，正是因爲他肯「放低姿態」才如願以償。

現實告訴我們在適當的時候，可以用善意的謊言去掩蓋真實（對你求職就業不利的地方）。當然，這裡所說的「虛」和「實」都是相對而言的。爲了謀得一份理想的職業，在推銷自己的過程中，可以利用自身的優勢去求職。在表現你的優勢時，有不同的表現方式，善意的謊言就是表現方式之一。

一位中文碩士爲了能在外商部門謀得一個理想職業，說自己是外語系畢業的碩士生。當然，他的外語水準也的確不凡，過五關斬六將之後，他得到了這份工作。他是外語系畢業是虛，中文系畢業才是實，可是他的外語水準遠比中文水準高，又是實。但如果他告訴主考人說自己是中文系畢業的實話，那麼在眾多的真正外語系畢業的求職者中，儘管他的水準出類拔萃，恐怕連第一關也過不了，爲了讓你的實力被人承認和欣賞，用「以詐取誠」這一手段也未嘗不可。

這個世界是從來不禁絕謊言的，但我們所說的「以詐取誠」並不是要你去用謊言去達到不可告人的目的，而是要在對他人無害，對自己有益的原則下適當撒點「小謊」，融合變通。這樣的「謊言」即使被別人識破，也不會太過計較。

正話反說更有效

人們的語言表達有著約定俗成的習慣性規則。在特定的情況下，如果能打破習慣的約束，並反其道而行之，爲了更好地達到目的，說出話的意思和自己真實的意圖恰恰相反，卻反而更容易成功，這就是反語的魅力。

所謂反語，是一種極端的拐彎抹角，是一種徹底的迂迴的表達方法。正話反說便是以徹底的委婉，欲擒故縱，取得合適的發話角度，達到比直言陳述更爲有效的說服效果。

春秋時期，齊景公的一匹愛馬突然病死，他遷怒於養馬人，下令將養馬人推出去斬首。

在場的晏子聽說後，他略一思索，便跪到齊景公面前數落起養馬人的「罪狀」來了：「大王，您想處死養馬人，應該先讓他知道，犯了什麼罪才行呀！現在讓我來列舉他的三條罪狀，請您聽一聽。」

齊景公點頭同意，晏子便對著養馬人高聲說道：「你為君王養馬，卻把馬養死了，這是第一條罪狀；死掉的這匹馬，又是君王最喜愛的，所以又增加了一條罪狀；因為馬的死，君王要處死你，這消息如果讓老百姓知道了就會怨恨君王，讓鄰國知道了就會看不起齊國，讓君王背上一個重馬不重人的惡名，這不是你的第三條罪狀嗎？你犯下如此三條大罪，就應該處以死罪。」

齊景公聽完這些話，趕忙離開坐席，一邊搖手一邊說：「算了，把養馬人放了吧！別損害了我仁愛的名聲。」

晏子的話表面上處處順著齊景公的心意，口口聲聲數落馬夫的罪狀，而實際上卻是字字句句諷刺齊景公，從反面申述齊景公的錯誤，點出殺掉馬夫的危害是「積怨於百姓，示愚於諸鄰」。

我們可以看到，晏子這種正話反說的方式可以放大荒謬，讓人更清楚地看到荒謬的真面目而達到了更好的勸諫效果。

西漢時期，漢武帝的乳娘犯了過錯，漢武帝便要她遷出宮外，以示懲戒。乳娘不願遷出皇宮，於是找大臣東方朔幫忙，希望他能幫助自己說幾句話。東方朔聽完乳娘的訴說後，安慰她說：「妳如果真不想走的話，就在別人將妳帶走的時候不斷地回頭注視漢武帝，千萬不可說什麼話，這樣也許還有一線希望。」

這天，乳娘將要離開皇宮，但她執意要和漢武帝辭行。見到漢武帝後乳娘卻什麼也不說，只是滿眼淚水，回頭向漢武帝看了好幾次。

東方朔故意大聲地說：「乳娘，妳快走吧！皇上現在用不著妳餵奶了，還擔心什麼呢？」

漢武帝一聽這句話，如雷擊一樣，感到十分難過。想到自己是吃乳娘的奶水長大的，現在她犯的又不是什麼大錯，就立刻收回成命，赦免了乳娘的罪過。

在這個故事裡，東方朔巧妙地利用反語，說漢武帝已長大了不需要她餵奶了，正是藉此說明向漢武帝是吃著乳娘的奶長大的，武帝僅僅因為老人的一點小過錯，就將其逐出皇宮，豈不成了忘恩負義之徒了嗎？就這樣，東方朔成功達到了規勸漢武帝的目的。

當我們遇到棘手的問題時，採用正話反說的方式，在虛順實逆、明褒暗貶的語言怪招中，可能會收穫正面說理難以出現的奇效。現實生活也常常存在這樣的情況。正面的語言交往已不能進行或難以奏效，也就只好先以反話制人，再找機會平反。

反語的應用不在於多，而在於精，只要能讓對方聽懂你的意思就可以了。反語規勸還有一個要求，即反語必須幽默風趣，氣氛必須輕鬆，使別人生不起氣來、心甘情願地接受你的規勸。如果你態度生硬粗暴，只會引起對方的憤怒。

把握分寸，學會用反語去說服務人，才能免於被動使你更容易達到目的。

製造戲劇性，增強吸引力

千篇一律的東西容易讓人感到乏味。人與人打交道也是這樣，普通的人總是容易被忽視。不妨用些小技巧，製造一些戲劇性的效果，以引起別人的注意。

漢武帝劉徹登基當了皇帝，徵召天下各地賢良正士。於是，全國各地的讀書人紛紛湧進長安城上書應徵，一時間長安城人滿為患。當時寫作使用竹簡，劉徹翻閱了堆積如山的竹簡，但只有一篇自薦書深深打動了他，獲得了御筆親點的唯一名額。此人便是後來著名的「智聖」東方朔。靠著一封自薦書，東方朔成為唯一的幸運兒，從此開始汗青留名的生涯。

那封讓東方朔在萬人之中脫穎而出的自薦書是這樣寫的：

「我東方朔少年時就失去了父母，依靠兄嫂的撫養長大成人。我十三歲才讀書，勤學刻苦，三個冬天讀的文史書籍已夠用了。十五歲學擊劍，十六歲學《詩》、《書》，讀了二十二萬字。十九歲學孫吳兵法和戰陣的擺佈，懂得各種兵器的用法，以及作戰時士兵進退的鉦鼓。這方面的書也讀了二十二萬字，總共四十四萬字。我欽佩子路的豪言。如今我已二十二歲，身高九尺三寸。雙目炯炯有神，像明亮的珠子，牙齒潔白整齊得像編排的貝殼，勇敢像孟賁，敏捷像慶忌，廉儉像鮑叔，信義像尾生。我就是這樣的人，夠得上做天子的大臣吧！臣朔冒了死罪，再拜向上奏告。」

東方朔這番「個人簡歷」，《史記》評之為「文辭不遜，高自稱譽。」但是他出奇制勝，先聲奪人，一下就讓漢武帝記住了他。不過漢武帝還是很有分寸，畢竟這只是「高自稱譽」的小打小鬧，沒有任何治國之道。

漢武帝雖然用了東方朔，但只讓他做了個管公車的小官，平日很難見到皇帝，更不用說得到皇帝的重用，而且一天領取的錢米只夠一宿和三餐。

東方朔思來想去，決定從給皇上餵御馬的「弼馬溫」入手。一日，他借機向那班侏儒恐嚇道：「你們死在眼前了，還不知道嗎？」侏儒們驚問為什麼。

東方朔又說道：「我聽說朝廷召入你們這些侏儒，名為侍奉天子，實際上是設法除掉你們。因為你們既不能當官，又不能種田，也不能當兵打仗，對國家毫無用處，還要消耗糧食和衣物，還不如處死了好，可以省得許多費用。主要是怕殺你們沒有藉口，所以騙你們進來，暗地裡加刑。」侏儒們聽了這話，個個嚇得要死。

東方朔又假裝勸他們說道：「你們按我的計去做，可以免去一死。」侏儒們忙問有何妙計，東方朔說道：「你們必須等到皇帝出來時，叩頭請罪，如果天子問你們何事請罪，可推到我東方朔身上，包管無事。」侏儒們信以為真，隨後天天到宮門外等候，好不容易等到皇帝出來，便一齊到車駕前，跪伏叩頭、泣請死罪。

武帝莫明其妙，驚問是何原因？眾侏儒齊聲說道：「東方朔傳言，臣等將盡受天誅，故來請死。」

武帝道：「朕並無此意，你們先退下，待朕問明東方朔便知道了。」眾侏儒拜謝而去，武帝即命人召見東方朔。

東方朔正愁沒有機會見到武帝，因此特設此計，既聽到召令，立即欣然趕來。

武帝忙問道：「你敢造謠惑眾，難道目無王法麼？」

東方朔跪下答道：「臣東方朔生固欲言。死亦欲言，侏儒身長只有三尺多，每次領一份食物及錢二百四十文。臣東方朔身長九尺多，也是只得同樣食物一份及錢二百四十文，侏儒吃不完用不完，臣東方朔餓得要死。臣以為陛下求才，可用即用，不可用應該放我歸家，省得在城裡吃不飽穿不暖的，反正難免一死！」

武帝聽了，不禁大笑，隨後任命他為待詔金馬門，這樣離皇帝更近了。

東方朔就是這樣另闢蹊徑，不按常規出牌，在處理事情上善於用一些可以產生戲劇性效果的方式，來引起皇上的注意，博得皇上的好感，可謂是效果顯著。

我們不妨效仿一下這位「東方智聖」，換一種思維方式，不隨波逐流，能夠多運用智慧、幽默等製造出一些特別的效果來，定會爲你的人際交往增色不少。不過在應用的時候，也要注意切不可弄巧成拙。

以情動人，以情制勝

人是感情動物，親情、友情、愛情都是人世間最美好、最寶貴的財富。無論你有多高的地位、多大權力，其實你心底最渴望的還是一個「情」字。

清朝道光皇帝共有九個兒子，前邊三個都死了，第四個皇子便是奕詝，若論長幼，應立四皇子奕詝為太子，可六皇子奕訢無論是口才、文才、武功都比奕詝強。因此道光一直拿不定主意，多次對四皇子和六皇子掂量考驗。

道光三十年春，道光打算選個風和日麗的日子帶領六個皇子去南苑打獵，意在考驗皇子們的文才武略和應變能力，以便確立皇儲。

皇上要選太子，這已是公開的祕密了。因此六個皇子各做準備，都想取得父皇的歡心，以便將來繼承皇位，尤其是四皇子奕詝和六皇子奕訢，更是爭奪的對手。四皇子雖然排行老四，卻也算是長子；六皇子文韜武略都勝人一籌。兩個人暗暗較勁兒，都想得到父皇的青睞，擊敗對方，登上皇位。

四皇子奕詝的老師名叫杜受田，此人足智多謀，他在四皇子身上下的工夫很大，希望四皇子能登上皇位。杜受田也掂量過，奕詝與其他皇子比較起來，除了排行第四占了個有利的位置之外，其他方面都很平常，甚至略遜一籌，如若稍一讓步，這皇位定然會被六皇子奪去，為此他急得直轉。

有一天，杜受田在讀史書時看到有關三國曹丕與曹植爭儲的故事，忽然眼睛一亮，想出了一條出奇制勝的妙招。

次日，道光帶領六個皇子來到南苑，傳旨開始圍獵。諸位皇子各顯身手，直追得那些飛禽走獸亂蹦亂飛、東奔西跑。六皇子奕訢幾乎箭無虛發，滿載而歸。而四皇子奕詝卻是兩手空空，一無所獲。道光帝不由龍顏大怒。奕詝因有老師提前安排，不慌不忙地奏道：「兒臣以為，目前春回大地，萬物萌生，禽獸正是繁衍之期。兒臣不忍殺生害命，恐違上天好生之德，是以空手而回。望父皇恕罪。」奕詝說得頭頭是道，道光頻頻點頭。

道光心想：這倒是我沒有想到的，他卻想到了，倘若讓他繼位，必能以仁慈治天下。不禁轉怒為喜，當下誇獎了四皇子的仁慈之心。不善騎射的四皇子在這場騎射較量中初戰告捷。

又過了幾年，道光帝憂慮成疾，自知不久人世，急喚諸皇子到御榻前。消息傳開，四皇子和他的老師杜受田都知道這是最關鍵的一次較量了，能否登基在此一舉，必須做好充分準備，但兩人對坐半日卻苦無一策。

安德海獻上一計說：「萬歲爺病重，到御榻前之後什麼不用說，只說願父皇早日康復就行，剩下的就是流淚，但不要哭出聲來。」二人一聽大喜。

次日，六位皇子被招至龍床前。道光提出了一些安邦治國的題目讓諸皇子回答，六皇子答得頭頭是道，道光甚為滿意，卻發現四皇子一言不發。道光一問，四皇子頭一轉，淚如雨下說：「父皇病重，龍體欠安，兒臣日夜祈禱，唯願父皇早日康復，此乃國家之幸，萬民之福。此時兒臣方寸已亂，無法思及這些。倘父皇遇有不測，兒臣情願伴駕而行，以永侍身旁。」說完淚水漣漣，越擦越多。

道光聽了心中深受感動，心想此真孝子仁君，於是決心立四子奕訡為太子，這就是二十歲登基的咸豐皇帝。

安德海的計策真是夠高明，咸豐在彌留之際，雖然關心國家大事，但他更需要親情。而四皇子的表現恰好觸動了皇上心底埋藏已久，人世間最純的真情——骨肉之情，在最關鍵的時候，再一次得到了青睞，如願地登上了皇位。

感人心者，莫先乎情。故事中的四皇子論文韜論武略都比不上六皇子，可是他在「情」字上大做文章，以此得到了皇上的厚愛，最終登上皇位。無須慷慨陳詞，無須華麗辭藻，只要語言樸實，感情真摯往往能有著千軍萬馬、雄才大略所達不到的作用。

明哲保身，遠離是非

所謂「金蟬脫殼」，是指一方在陷入窘境的時候，如何製造假象迷惑對手使自己得以安全撤退的語言技巧。三十六計中有一計名爲「金蟬脫殼」，說的是寒蟬在蛻變時，身體脫離皮殼飛跑，空留下一個蟬蛻在枝頭搖曳，比喻在危難關頭，略施計謀，瞞過對方，保護自己。其實，我們在日常生活中也可以用這種方法，來處理一些情況，以達到轉危爲安的效果。

著名的科學家愛因斯坦經常應邀到各大學講學。愛因斯坦的司機是個愛學習的人，他對愛因斯坦說：「博士，我聽過你的課大約有二十次了，那些內容我都可以背得滾瓜爛熟。我敢說，這課我也能上呢！」

「那麼，我給你個機會，」愛因斯坦說，「我們現在要去的學校，那裡的人都不認識我。到了學校，我戴上你的帽子充當司機，你就可以自稱為愛因斯坦去講課了。」

司機果然準確流利地講完了課，贏得了台下一陣陣的掌聲。

然而當他準備離去時，一位教授模樣的人走來，向他請教一個複雜的問題。眼看要露餡了，司機忽然靈機一動，說：「這個問題太簡單了。我的司機就可以為您解釋」。

假愛因斯坦抽身而退了，那位教授會在「假司機」的那裡得到滿意的答案。

這種圓滿的結局從何而來?它來自於司機的智慧。

因爲聰明的司機在大事不妙時，使用了金蟬脫殼法讓自己安然撤退，而將火力引向了和自己已無關聯的「殼」——愛因斯坦了。

明朝有一位王守仁，後人稱之為「陽明先生」。

王守仁當兵部主事的時候，上奏武宗，直言宦官劉瑾之罪，劉瑾覽之大怒，矯詔逮王守仁入獄，狠杖五十大板，幾乎快把王守仁活活打死，然後罰他為貴州龍場驛丞。

龍場驛離京師有萬里路遠，是荒涼不堪、人少山多的地方。王守仁奉詔，不敢不往，便匆匆起程。行到浙江錢塘江附近，他的僕人趕來向他告密，說劉瑾已派人追來，要在半路劫殺他，叫他多加防衛。王守仁卻說：「不必多慮，我料劉瑾不會這樣做。」他嘴裡雖這麼說，心裡早有了打算。

第二天，那僕人早起，發現王守仁失蹤了。僕人在枕邊撿到一張紙，上面寫著：「百年臣子悲何極，夜夜江濤泣子胥。」這分明是首絕命詩，僕人連忙追到江邊，只見江水上浮著冠履，命人撈起一看，果然是王守仁的東西，不禁放聲大哭。

因此遠近的人都傳說王守仁已死。負責刺殺任務的特務，聽見這個消息，又檢驗過王守仁遺留下的東西，也回去覆命。其實這是王守仁的「金蟬脫殼」之計，他故布疑陣、掩人耳目，使人相信他已投江而死。他偷偷地換上道袍，跑到福建的武夷山隱居起來。過了一些時候，王守仁才悄悄地趕到貴州龍場驛去。

王守仁的「金蟬脫殼」這一招做得很到位，連其家人都以為他真的死了，服喪告殯，最終得以逃脫劉瑾的毒手。可見，「金蟬脫殼」用到關鍵的地方可以有著「起死回生」的作用，為自己贏得時間和機會，進而掌握主動權。

難得糊塗，把握主動

鄭板橋說「難得糊塗」，這裡所說的糊塗不是真正的糊塗，而是一種科學、智慧、高明的爲人處世之道。一律糊塗，不可取，每事糊塗，行不通。該糊塗就糊塗，不能糊塗也糊塗，但是不該糊塗的時候就一定得堅持，這才是糊塗的本質。然而到底該怎樣拿捏這些分寸，著實展現了一個人處事能力的高低。

真正的智者在小事上也許會馬馬虎虎，毫不計較；然而在原則問題上，卻會據理力爭，毫不讓步。他們懂得因大而失小，能夠在紛繁變幻的世道中看透事物、看破人性，能知人間風雲變幻、處事輕重緩急、舉重若輕、四兩撥千斤。

美國的服裝商德魯比克兄弟二人，開了一家服裝店，他們的服務十分熱情。每天，哥哥都站在服裝店的門口向行人推銷。不過，這兄弟二人都有些「耳聾」，經常聽錯話。常常是哥哥熱情地把顧客拉到店中，反覆介紹某件衣服是怎樣物美價廉，穿上後又是如何得體和漂亮。就這樣，經過一番勸說之後，顧客總會動心地問：「這衣服多少錢？」

這個時候，「耳聾」的大德魯比克先生就會把手放在耳朵上問道：「你說什麼？」顧客又高聲問一遍：「這衣服多少錢？」

「噢，你問多少錢呀，等我問一下老闆。抱歉，我的耳朵不太好。」他隨即轉過身去向那邊的弟弟大聲喊道：「喂，這套全毛的衣服賣多少錢？」

此時，小德魯比克站起身來，看了顧客一眼，又看了看服裝，然後說：「那套嘛，七十二美元。」「多少？」「七十二美元。」小德魯比克高喊道。

但是，大德魯比克回過身來，故意裝作不知道，微笑著向顧客說：「先生，四十二美元一套。」

顧客一聽此話，就趕緊掏錢買下這套便宜的衣服，然後溜之大吉。

事實上，他們兩兄弟的耳朵一點也不聾，而是借「聾」給想占小便宜的人造成一種錯覺，來促銷他們服裝。而且兄弟倆採用這種方法經營得非常成功，賺了不少錢。

由此看來，適當的時候糊塗一下也不失爲一種聰明。

測試　吃人樹測出你的謊言

在一個奇幻的世界裡，長了一棵恐怖的樹，因爲它有一張血盆大口，可以把人生吞。你認爲這棵樹是利用什麼方法來讓人接近，進而捕食的呢？

一、用美妙的歌聲使人心醉
二、模仿對方戀人的聲音
三、散發迷人的樹香
四、利用飛翔在它周圍的小鳥使者
五、什麼都不做，只是靜靜等待好奇的人走過來

測試解析：

一、選「用美妙的歌聲使人心醉」

認爲利用歌聲就能引誘獵物的人，是屬於爲了討人喜歡而撒謊的人。當然這並不一定是什麼惡意的謊言，但如果謊言逐漸擴大的話，就容易在眾人的面前丟臉；即使你沒有說謊，有很多事也會因爲過分的誇大而讓對方有所誤解。所以，你對於任何事情都要謹言慎行。

二、選「模仿對方戀人的聲音」

認爲利用巧妙的模仿技巧就能引誘獵物的你，是屬於以認真的態度在說謊的人，而且是個撒謊高手。當然，這謊言不管是善意與否，在還沒被揭穿之前，是很少有人會因此而受傷的。之所以這樣說，是因爲一旦這個謊言被識破，就會讓人遭受很嚴重的打擊，而這也是這類撒謊高手的特性。正因爲你是這種類型的人，所以大家對你的印象會有生怕被出賣的感覺，而這種感覺會越來越強。所以，爲了自己，即使只有千分之一被識破的可能，也絕對不可以撒這個謊。

三、選「散發迷人的樹香」

認爲不需用言語，只要用香氣就能引誘獵物的你，是屬於不會利用謊言去傷人的人，可稱得上是誠實的人。開門見山地說，你是個不善於說謊的人，只要你說謊就會被別人看穿。也正因如此，你的名譽不但不會受損，反而會有很多人認爲你這樣很可愛。

四、選「利用飛翔在它周圍的小鳥使者」

認爲利用小鳥能引誘獵物靠近的你，是屬於有撒謊時喜歡找代罪羔羊的傾向的人。爲了使謊言變得有說服力，你是否常使壞？是否常用某某人說或是從某某人那裡聽來的等語句呢？如此一來，當謊言被識破時，那你個人的信用也跟著完蛋了。所以當你在編造謊言時，這個責任就應該由你一個人來承擔，如果把別人也捲入你的謊言中，那就太令別人難堪了。

五、選「什麼都不做，只是靜靜等待好奇的人走過來」

認爲什麼都不做，只是利用獵物的好奇心而靠近的你，是屬於絕不撒謊的你。忠厚老實的人。最痛恨的就是欺騙別人，也正因如此，即使對方不想聽的事實，你也毫不隱瞞地全盤說出，通常會傷人很深。在必要時，你也要機靈的學會撒謊。

5

被加工的歷史與明星的背後

歷史是個任人裝扮的小姑娘

歷史是記載和解釋人類社會發展的具體過程和規律性的文字，是對過去事件的敘述，對已認知的、研究過的事件的敘述。然而，歷史都是真實的嗎？中國是世界上用文字記載歷史的最早的國家之一，從《春秋》到《清史稿》，洋洋灑灑成千上萬卷，其真實的成分又有幾分呢？？

從春秋時期孔子修《春秋》開始，中國人就要求做史官的要做「良史」、「信史」，對歷史事件秉筆直書是做史官的基本要求，但兩千多年來，又有幾部歷史是客觀真實的記載呢？

《三國志》裡就有多處故意歪曲事實、為統治者說話的地方；《宋史》裡還有許多浮誇吹捧、故意為某些人張揚飾功的情節；至於被稱為「穢史」的《魏書》，那就更不用說了。

劉知幾曾揭露那些歪曲歷史的史官，說他們在史書中憑空捏造事實，編造子虛烏有的言辭，或把他人的美德，加在自己恩人身上，或把他人的惡行，加在自己的仇家身上。魏收作《魏書》，胡亂引述詔書；陸機作《晉史》，隨意誇大個人能耐，班固收到錢以後才將人寫入史書，陳壽受賄之後才給人立傳，這樣寫出的史書只能是滿紙謊言，要真實，反是大怪特怪了。所以，劉知幾痛罵這幫寫歷史的傢伙爲：「記言之奸賊，載筆之凶人。」

《史記》曾被魯迅先生譽爲「史家之絕唱，無韻之離騷」，在中國史書中，一向被認爲寫得最真實、最客觀，千百年來，它一直是修史者們學習的典範，對司馬遷的寫作態度，人們讚美有加，說「不虛美，不隱惡」。但就在這樣的一部典範之作中，也還是有許多不真實之處。

首先，《景帝本紀》和《今上本紀》只有目錄而無內容。這是因爲司馬遷在寫作中堅持真理，秉筆直書，揭露了漢朝的陰暗面，揭開了當時那些聖君賢相們的種種隱私，於是引起了漢武帝的憤怒。

據《西京雜記》中記載：司馬遷作了《景帝本紀》，說盡了景帝的壞處，也提到了漢武帝的過錯。武帝憤怒之下，將司馬遷削職，而且後來抓住他爲降將李陵辯解的口實，施以宮刑。而且，他還把《景帝本紀》連同司馬遷爲他所作的《今上本紀》弄得蹤影全無，讓後人只見其目而不見內容。這僅有目錄的歷史，是被掩蓋的謊言，不過它的責任不在司馬遷，而在於漢武帝。

其次，作爲一個史官，司馬遷首先是一個人，他有他自己的喜怒好惡，他在記述自己所喜愛的人物如李廣時，難免誇大其詞。其實，李廣在當時並沒有建立什麼了不起的戰功，但司馬遷喜歡他，就爲他作了言過其實的列傳，使其千百年來一直爲人們傳頌。

其實仔細琢磨就可以知道，記錄歷史的人誰能保證在記錄敵人的歷史，或自己以及先祖的歷史時不帶偏見？誰又忍心把先人不光彩的一面向後人展示？又怎麼甘心美化一個世仇？由此可見，歷史並不總是公允。

《澗上閒談》中說：「野史各有私好惡，固難盡信；若志狀，則全是本家子孫門人掩惡溢美之詞，豈可盡信！與其取志狀之虛言，反不若取野史、傳記之或可信者耳。」可見，前人也發現了許多問題。

「盡信書不如無書」，是前人對歷史的評價。一個叫崔浩的古人評價古人時說：

「古人有虛有實，妄言者多，真正者少。」近代著名學者胡適在介紹「實在論」哲學思想時說：「實在是我們自己改造過的實在。這個實在裡面含有無數人造的分子。實在是一個很服從的女孩子，她百依百順的由我們替她塗抹起來，裝扮起來。實在好比一塊大理石到了我們手裡，由我們雕成什麼像。」他在闡釋對「實在」的理解的時候，用了兩個比喻：一是把「實在」比做很服從的女孩子；一是把「實在」比做由人雕刻的大理石。雖然他講的是哲學問題，但這樣的比喻用在歷史身上卻很貼切。因為歷史這個客觀存在在被描述的時候，往往會被描述者加以濃重的主觀色彩，那就是對歷史的「打扮」。

歷史在被描述的時候是無語的，的確像個很服從的小姑娘，魯迅在《狂人日記》中就曾這樣描述過歷史：「我翻開歷史一查，這歷史沒有年代，歪歪斜斜的每頁上都寫著『仁義道德』幾個字。我橫豎睡不著，仔細看了半夜，才從字縫裡看出字來，滿本都寫著兩個字是『吃人』！」你看，同樣的一段歷史，不是既可以被寫成「仁義道德」，也可以被寫成「吃人」嗎？這不就是對歷史這個「小姑娘」的「打扮」嗎？

勝者為王敗者寇

事是由人做的，話是由人說的。歷史從某方面來說，就是群體的歷史，而群體卻由少數的僞善者操縱。歷史只認贏家，因爲贏者掌控著宣傳的工具。

爲什麼歷史上短命的王朝多暴君、昏君？也許他們確實是暴君、昏君，但更大的可能是這些君主來不及組織寫作班子，塑造他們的英雄形象。而長命王朝有充分的時間，一邊記錄前朝的醜聞，一邊美化自己。謊言千遍，也就成了真理。

由此，成功者的陰謀變成了謀略；失敗者的計策被說成了詭計；己方的忠臣義士，在敵方筆下屬於死不悔改之人，而敵方的變節者，則成了棄暗投明的有識之士。可見書寫歷史的人，所持的立場不同，對人的評價也就截然不同。

我們都知道「文景之治」是歷史上少有的政治穩定、經濟生產得到顯著發展的「盛世」，顯示出漢文帝和景帝清明德政，人們對此倍加稱頌。然而曾經出土的數萬具漢代缺胳膊斷腿的屍骨，對漢文帝、漢景帝時代的德政記載提出了疑問。

史書說文帝掌權的時候，「吏安其官，民樂其業，禁罔疏闊，刑罰大台」。這句話反過來說，就是呂後掌權的時期吏不安其官，民不樂其業，少數人控制朝政，刑罰很濫也很嚴。爲了證明漢文帝的政績，還拉出個女孩子做樣板。

那個女孩子叫緹縈，其父因得罪了有錢有勢的人，被告至官府，官府判他「肉刑」（即臉上刺字、割鼻、剁足），她爲了救自己的父親，便陪著父親上京城，寫了一封信給皇上，說肉刑太殘酷了，願爲官府爲奴爲婢來替父親贖罪。文帝讀了這封信大受感動，因此廢除了肉刑。緹縈救父的故事便流傳了下來，也從另一方面印證了文帝的仁厚。

文帝死後，他的兒子景帝劉啓即位，父子倆共在位四十年，史書上稱爲「文景之治」。文帝廢了肉刑，不是已經很不錯了嗎？爲了證明景帝更不錯，便有了文帝在世不便說的部分：「文帝雖廢除了肉刑，但卻改刑爲打板子，犯了罪的人被打上三、五百板子，多數人都會命赴黃泉。」也只有在這時候，文帝時代的另一面才得以公諸於世。

景帝即位的第一年，就詔令減笞法。「自是死刑既輕，生刑又輕。」輕到什麼程度？輕到了「民易犯之」的地步。然而曾經出土的數萬具缺胳膊斷腿的白骨，正是文景時代的遺產。他們是些什麼人？是如何死的？翻遍史籍，都找不到答案，它讓我們感到，歷史典籍欺騙了我們！他們殺人不少，而且手段極其殘忍，但史籍上卻沒有記載。

「死刑既輕，生刑又輕」的結論從何而來？原來寫史的也認爲殺那麼多人不光彩，記載的都是他們的政績，這段黑暗的歷史顯然被掩蓋了。那個所謂的緹縈，不過是裝點皇帝門面的道具而已。倒是被推翻的前朝遺事，被發掘得充分，而那發掘卻是用來爲取而代之的王朝做反襯的。

唐滅了隋，隋朝的楊廣也成了被人唾罵的壞蛋。楊廣開運河原本是一個大手筆，運河至今仍在爲兩岸的人民造福，可謂千古絕唱。

可是唐朝的史官們將他開運河說成是要到江南遊玩，一筆抹殺他對這條經濟命脈的功勞。好事也被誣爲壞事，那麼壞事也可以製造成好事，是好事還是壞事，因人而異。如果這事發生在唐太宗時期，又將如何？

史籍中這樣的例子比比皆是，但這些例子已足夠我們得出這樣的結論：謊言構成的歷史掩蓋了成功者的罪惡，抹殺了失敗者的一切，也愚弄了後人！以此類推，被掩蓋或被粉飾乃至被醜化的史實到底還有多少？

歷史就是贏者的舞台，讀勝利者的典籍，不要讀之信之，不要被文字迷惑，因爲故事裡的事說是就是，不是也是。

百慕達三角洲虛構的奧祕

太平洋裡有一個神祕的地方，在半個多世紀裡，它一直被冠以「神祕」的修飾詞，它就是百慕達三角洲。關於百慕達三角洲的傳說是這樣的：一千多人以及幾百條船、上百架飛機在這片海域消失了，沒留下一點蹤跡。

一九二九年，一艘叫做卡羅A迪瑞號的船平穩地駛進位於北美的北卡羅來納港。可是當碼頭工人爬上船時，沒發現一個人影，而在瞭望台的火爐上正煮著一鍋熱氣騰騰的飯！

一九四五年十二月，海軍五架轟炸機在百慕達消失，此後人們以「飛行十九號」為這場事故的代號。當天，飛機起飛執行例行的巡邏使命，一個小時之後，其中一個飛行員報告出事了，聽到過幾次信號，之後一切歸於沉寂！

類似的記載還有很多。現在，百慕達三角洲已經儼然成爲神祕的、不可理解的各種失蹤事件代名詞。但是這些離奇、充滿神祕色彩的事件真的存在嗎？在沒有科學依據之前一切都是未知的。自從「復仇者」機群失蹤以來，有關百慕達三角洲的報導層出不窮，熱衷於此的作者不斷尋找佐證，來支持這一海域神祕異常的說法。

這些作者稱：百慕達三角洲比其他海域的失蹤率明顯要高出很多，而且所有失蹤都發生在百慕達三角洲範圍內或與其接近的海域，船隻和飛機失蹤時的天氣很好，失蹤前都沒有發出求救信號；事故發生後，也沒有任何痕跡和線索；在三角洲內有磁力使羅盤失靈。

對此《百慕達三角洲揭祕》的作者勞倫斯・庫舍提出了不同的意見，他認爲天氣是三角洲船隻、飛機失蹤的一個主要因素。而三角洲的支持者卻偏偏對天氣原因避而不談，或者明明天氣十分惡劣，不適合飛行或者海上航行，他們卻故意說風和日麗，天氣很好。事實上，有一半以上的失蹤案發生在壞天氣，失蹤事件多數集中在暴風雪頻繁的冬季。顯然，失蹤事件受到了天氣的影響。

「沒有留下任何痕跡」的說法讓很多人覺得非常神祕，然而事實果真如此嗎？

事實上有許多失蹤案是留有痕跡和線索的，包括殘骸、浮油以及失蹤前發出過求救信號。如美國海軍一九六八年五月二十二號失蹤的「蠍子」號核潛艇，已被發現沉沒於大西洋亞速爾群島以南四百海里處三千米深的海底。美國海軍「特里斯特」號深潛器曾到現場進行勘察，並拍攝了殘骸照片。據調查人員分析，該潛艇是被自己發射的魚雷擊沉的。而在百慕達三角洲的神祕故事中，「蠍子」號卻是另外一種結局：該艇奉命追蹤外星人的「幽靈潛艇」，最終成了外星人的俘虜。艇上官兵安在，他們總有一天會被送回家。

支持「百慕達三角洲之謎」的作者稱，這一海域是羅盤異常區，在這裡，羅盤不指向磁北。而事實上，羅盤在這裡既指向磁北，也指向北極。一般來說，地球的磁場和地理極是不相吻合的。而在百慕達海域，北極和磁極卻是在同一直線上，即磁偏角爲零。這種情況對航海是有利的，因爲在這裡無須校正羅盤。

但是百慕達三角洲的信徒似乎對失蹤事件邏輯的解釋毫無興趣，他們更喜歡杜撰故事，製造懸念，歪曲事實，渲染神祕，以此來吸引讀者的目光。有些失蹤案甚至根本就是杜撰的，如有報導說，一九六二年四月的一天，巴哈馬群島首府拿索的機場控制塔接到一架雙引擎飛機自三十公里外發來的電訊，要求指示降落，但無線電聯絡突然中斷，飛機也神祕失蹤。可是拿索國際機場民航主任說：「在那個時段我一直在機場工作，根本沒有所謂的雙引擎飛機發來電訊。」

至於第十九飛行隊的「神祕」失蹤，也在四十五年後揭開了神祕面紗。

一九九〇年，美國海洋考察船「深探」號在勞德代爾堡附近的海底發現了五架「復仇者」飛機殘骸。根據殘骸上的編號，專家們確認，那是當年失蹤的第十九飛行中隊的飛機。在這個事實面前，有關百慕達三角洲的神話不攻自滅。

隨著五架「復仇者」殘骸的發現，關於該事件的一些細節亦被披露出來。專家們經過分析發現，對於五架飛機的失事，泰勒上尉有不可推卸的責任。因爲出事的當天，他就把一些導航儀器遺忘在自己的宿舍裡，導致機隊起飛後不久就迷航了。

四十五年後的調查顯示，泰勒的飛行隊當時根本不在佛羅里達半島附近，而是在巴哈馬群島上空。由於泰勒對海面目標判斷錯誤，以及他自認爲他的羅盤已失靈，因而從那時起，他就不再相信羅盤上的指標，而是憑自己的感覺指揮飛行。

這位「跟著感覺走」的軍官帶領的飛行中隊非常不幸地遇上了強勁的西北風，飛機被吹到了安德魯斯島以南的海域。他從座艙往下看時，竟把這一地區誤認爲是佛羅里達半島的南端，於是他向北作弧線飛行後，接著再向東飛行，想以此從西面靠近基地。當時，一個暴風的前鋒已經到達那片海域，帶來了暴風驟雨和幾十米高的海浪。

但泰勒的感覺卻讓飛機降落在洶湧澎湃的海面上，造成了第十九飛行隊的「神祕」失蹤。

事後，美國海軍調查人員得出結論：泰勒上尉對這一事故負有責任，飛機失蹤原因不明。美國海軍的這一「仁慈」之舉，無疑爲後來那些大肆渲染百慕達三角洲神祕故事的人提供了可乘之機。

以科學的態度來分析百慕達三角洲所發生的失蹤案，沒有任何確鑿的證據可以證明那裡是一個神祕的區域。答案很簡單，因爲所有失蹤的船隻、飛機都已沉入海底，遇難者死於爆炸、溺水和意外事故。多年來，有關百慕達三角洲的種種傳說極大地滿足了芸芸眾生的好奇心，但事實是它只不過是一個「虛構的奧祕」。

女兵林奇——人造的英雄

二〇〇三年，當美國和伊拉克的戰爭正打得火熱時，突然爆出一條關於女兵林奇的新聞，引起了全世界人強烈的興趣和持久的討論，事情的真相撲朔迷離，但細細清理其脈絡，歷史的真相最終呈現在世人面前。

在最初的新聞報導中，有未透露姓名的美軍官員稱，林奇在伊拉克戰場遭遇伏擊時打光了M-16步槍中的所有子彈，頑強地和伊拉克武裝進行戰鬥。戰鬥中，林奇被刀刺傷，也中了好幾槍，但她也殺死了幾名敵人。

隨後，二〇〇三年四月二號晚上，美軍特種部隊採取突擊行動，從那所醫院成功救出全身多處受槍傷並有骨折的林奇。這個故事經過五角大廈渲染以及媒體追捧，在美國民眾心中已經成爲戰爭傳奇。也就是從這天起，一個「奮勇殺敵到打完最後一顆子彈」的英雄林奇開始成爲美國的英雄。

五角大廈把林奇誇張地宣傳成一個像《第一滴血》中藍波一樣的士兵——奮勇殺敵、遭受虐待，最後被自己的同胞從困厄中營救出來。還有的新聞製片人將她的冒險歷程講述出來，將這個年輕的戰士描寫成英雄般的偶像。

二〇〇三年十一月上旬，由普利茲獎獲得者代筆的自傳上架，林奇的故事被流傳到美國各個角落。接著又有美國三大電視網金牌主持人輪番專訪。與此同時，「林奇」牌紀念品也在她的家鄉得到熱賣。然而，面對這一切，林奇卻說：「我不是英雄，我只是個倖存者！」

事實究竟是怎樣的呢？

《華盛頓郵報》披露說，林奇所屬的第五〇七後勤連是因爲走錯路才在納西里耶外遭到伏擊的。據悉，五〇七後勤連是美國第三步兵師從科威特挺進巴格達的八千輛車隊的拖後部隊。美軍最初的計劃是沿著「藍色線路」從八號高速公路前進到納西里耶。但是由於納西里耶當時仍在伊拉克軍隊手中，第三步兵師臨時決定改從納西里耶城外的一號高速公路繼續前進。然而，五〇七後勤連沒有接到過改變路線的命令。

因未收到更改路線的通知，五〇七連三月二十三號早上六點三十分進入了納西里耶城。然而在城內星羅棋佈的街道中車隊迷路了，當時林奇正坐在一輛五噸載重量的卡車上。

早上七點，街上的伊拉克人逐漸多了起來。爲了不引起敵視，指揮官下令士兵們把武器上鎖。當車隊開回城中心時，遭遇了伊拉克軍隊。對方的武器包括AK-47、機槍、肩扛導彈、手榴彈和迫擊炮。隨後，一輛伊拉克T-55坦克也前來助戰，伊拉克人還用沙包和汽車堵住五〇七連的退路。

一名在場的美軍官員回憶說：「由於我們被伊拉克人包圍，雙方爆發了激烈的槍戰。但林奇她根本沒有開槍，她的武器卡彈了。」

「後來，林奇的卡車損壞，她跑到了一輛悍馬車內。車內連林奇共有五名士兵，爲了擺脫困境，悍馬以五十英里的時速向包圍圈外衝，並撞上了一輛翻倒的自家卡車。坐在駕駛座上的士兵當場死亡，而林奇和另一名士兵派斯特瓦則受了重傷。她的手和腳都骨折了，甚至有一根骨頭刺穿皮膚，露在體外。隨後，受傷的林奇和派斯特瓦被伊拉克士兵俘虜。」

「大約十點左右，我們被一名員警送到了醫院。在此過程中他們都處於昏迷狀態。」然而，派斯特瓦因傷勢嚴重，在送到醫院後不久便身亡了。林奇則接受了包括

X光在內的良好治療，經過幾天的治療，林奇的傷勢有了好轉，並從緊急治療室轉到了一間單人病房。在那裡，有兩名女護士負責照料她。儘管肉體上的創傷有了好轉，但林奇的精神狀況卻極不穩定。「她害怕孤獨，也不想讓陌生人照顧她。」一名護士說，林奇常常哭泣，晚上還像小孩子一樣要護士唱歌哄她睡覺。

之後美軍策劃的醫院拯救行動規模非常大，但最終卻證明是用大炮打蚊子。當特種部隊進入醫院時，伊拉克士兵早在一天前就撤走了。據悉，四月一號凌晨一點，美國特種部隊第二十突擊隊在「黑鷹」和AC-130戰機的掩護下，包圍了納西里耶醫院。隨後，突擊隊闖入醫院後立即投擲了閃光彈，但隨後沒有人反抗，也沒有發生槍戰，因爲醫院裡只剩下病人和醫護人員。突擊隊在病房裡發現了林奇，裡面還有一個正在照看她的女護士。

英國廣播公司披露說，當時拯救行動根本不存在任何風險，五角大廈是在有意誇大拯救行動。美聯社的一名記者在採訪了二十多名「囚禁」林奇的醫院的醫護人員後，也發現了這次令五角大廈顏面掃地的事實：拯救林奇時根本沒有那麼緊張！美軍甚至沒有必要發動營救突襲行動，因爲醫院已經準備將林奇安全轉交給軍方。

內科醫生里卡比說：「如果他們過來向我們要潔西卡，我們很樂意將她轉交給他們，他們根本沒有必要實施如此戲劇性的搶救行動。他們只是想要作秀，好讓人們知道他們是多麼的英勇！」

知道了女兵林奇在戰場上的表現，她被俘虜和被營救的整個過程，我們不難發現，她不過是個倒楣的女兵，一個沒有任何戰功的普通士兵。但這樣一個士兵，在媒體的包裝下，她就成了人人敬慕的英雄。這樣的故事讓我們想起伏爾泰的名言：「沒有上帝，那就造一個上帝出來。」如今的美國，奉行的英雄觀大概是「沒有英雄，那就造一個英雄」吧。

從這裡我們也可以看出，不管是已經發生的歷史，還是正在上演的歷史，有很多時候甚至與事實大相徑庭。就如老子說的「盡信書不如無書」，歷史告訴我們的有多少是經得起推敲和考證的？對於歷史的真假存在於你自己的判斷，盲目地相信或懷疑都可能讓你錯過真相。

花絮：近現代史上的幾個謊言

下面的句子是一些人企圖用語言來改變事實的有趣例子：

「蘇台德地區是我在歐洲最不感興趣、最沒有意圖佔領的地方。」

——阿道夫・希特勒

「我手中掌握著共產黨員的名單……」

——約瑟夫・麥卡錫

「和平很快就會到來。」

——季辛吉在越南戰爭期間所說

「我不是一個騙子。」

——理查・尼克森總統

「撒謊對我而言是很困難的事情，但是我們必須在謊言和生命的區別之間做出權衡。」

——奧利弗・諾思

「蘇聯，一個突出的特點就是輕鬆活潑。」

——約瑟夫・史達林

明星是如何製造出來的

這是一個瘋狂造星的時代，大大小小，知名不知名的所謂明星，在你一不小心打個飽嗝或者眨一下眼睛的工夫就從某個地方鑽出來，讓你眼花繚亂，目不暇接。

不可否認，有一些明星是憑著自己的實力和努力做出成績而成爲明星的，但許多人卻是利用新聞媒體來炒作、造勢，以圖名利的。特別是在娛樂界，許多演員爲了站穩腳跟，或者抬高身價，擴大知名度，常常運用各種手法，製造假象，渲染氣氛，造成轟動效應。讓我們來看看所謂的「明星」是如何製造出來的：

楚高原在娛樂界本是個沒沒無聞的小字輩，而今已是出場費動輒上百萬的大明星。他是怎麼出名的呢？爲了打造自己，楚高原聘請了精明的莫克作爲經紀人，此人善於包裝，曾幫助許多人成名。

經過一番策劃，莫克爲楚高原籌備了一場演唱會，還招募了幾位年輕漂亮的長頭髮女孩子，穿著高級短襪，訓練她們跳、尖叫、歎息、假裝昏厥。

在彩排過程中，當楚高原演唱時，莫克根據不同的內容，讓女孩子發出不同的聲音，甚至號啕大哭以致昏倒。例如，當唱出「擁抱你」時，女孩子就叫：「楚高原，我愛你……」接著就有人假裝暈倒，其他女孩子也急促地喘氣，似乎十分激動的樣子。

爲了增強現場效果，楚高原贈送幾百張票給年輕人，給人人氣很旺的印象。他甚至租了一輛救護車在劇院門前，並讓引座員拿著氨水好隨時「救護」那些因情緒激動而暈倒的觀眾。此舉吸引了許多記者的注意。

第二天，報紙登出這樣的照片：暈倒的年輕女孩子被抬上救護車。據統計，共有三十個觀眾在聽演唱時，不能很好地控制情緒而暈倒了。

楚高原的表演太「神」了！於是他的大名遠播，觀眾爭相一睹他的風采，以先聽他的演唱爲快。隨後他的迅速走紅自然不足爲奇了。

娛樂圈本來就是一個大染缸，無論那些明星包裝得多麼清純高貴，本質上也還是一個普通人，不可能脫離爾虞我詐的現實社會高高在上。

娛樂明星究竟是什麼？也許只有你知道什麼是「柴米油鹽」之後才會真正懂得，

他們只是一種產業，只是一群商業包裝之下的「人」而已。他們幾乎沒有自我，全部生活都被演出公司、經紀人安排得滿滿的，如果沒有粉絲用金錢搭建起來的輝煌，他們則一文不值。

當你衣食無憂時，也許會有空閒去注意某位明星，可是當你經常爲下一餐在何處擔憂時，你就沒有那份閒心了，這時你會發現，明星原來只是可有可無的休閒食品，其實他們離我們很遙遠。

「口水戰」——自導自演的炒作戲

魯迅先生曾講過一個故事：你只管蹲在地上，注視一口痰，一言不發，一會兒就會圍上一大堆人，跟你一樣嚴肅認真地注視並思考——這不是開玩笑，現今的娛樂界就是如此。

如果最近你又看見誰和誰打起官司了，且打得「頭破血流」，唾沫橫飛，此時，別激動，別緊張，說不定他們「玩」得挺開心。

世道果然變了，如今打官司也是一種快速成名的方式。那和誰打呢？和普通人打官司沒人理會，所以還得跟明星、名人打，關鍵是，明星、名人與你非親非故，豈會搭理你一介草根？你實在找不到理由去告人家。由此推理得出，真正能和明星、名人打上官司的人非一般人，不是他們的親屬就是朋友，或者有著某種利益關係的夥伴。

前後過程頂多花上三、五萬的訴訟費，最後雙方一撤告，皆大歡喜。

娛樂圈素有炒作三大法寶：緋聞、官司、第三者之說，所以我們經常聽到：第三者插足某明星婚變；某導演與某女星的潛規則交易；某連續劇女主角在開拍前突然換人等，炒作的人正是利用所謂的明星效應和觀眾的好奇心來達到自己的目的。他們是靠給圈裡折騰事來吃飯的，所以，當我們再看到娛樂圈內的是是非非時，一定要提高自己的免疫力。

傳媒是聰明的，「造謠」這個詞不好聽，但是要賣錢，謠言必須傳播，要不然叫什麼大眾傳媒？但是時代在進步，沒出道的藝人可以製造名字，製造身世，製造故事，所謂「問世間錢（名）爲何物？直教人以身相許」。

現在，很多藝人可以爲了成功不擇手段，劇組爲了宣傳新戲，什麼招都能使出來，只要有男女主角，肯定會讓兩人傳出緋聞，這已成了家常便飯。有時藝人也很無奈，但這是工作需要，不炒怎麼能「熱」？不炒「產品」怎麼能賣出去？明星也好，八卦新聞也罷，都別太認真，就當做南柯一夢吧。

娛樂圈中的八大謊言

娛樂圈確實是個怪地方，在那裡欺騙比誠實更暢銷。所以炒作、緋聞等一些亂七八糟的東西一擁而上，讓觀眾眼光繚亂，不知哪些是真，哪些是假。

下面披露娛樂圈八大謊言，爲民眾識別娛樂謊言提供一雙慧眼。

謊言一：某某人出國學習或者爲拍攝MV取景去了

我們經常會看到這樣的新聞，說某某明星出國留學或拍MV外景了。真的如此嗎？事實卻經常讓人失望。其實有許多人是藉著出國的幌子，做「其他」的事去了。在國內，明星的行蹤已基本被媒體掌握，更何況還有無孔不入的狗仔隊。於是海外成了他們逍遙的天地，因爲那裡知者甚少，「做事」方便。不過紙包不住火，他們在國外的所作所爲也經常被媒體曝光，可見其醉翁之意不在酒。

謊言二：片中裸演者不是本人

以前一提到「裸」，人們就面紅耳赤，但現在時代不同了，藝人們裸得大膽、裸得「正當」，爲藝術獻身嘛！這之中新人裸得最實在，不用什麼「替身」，因爲出名要緊。

相比之下，大牌女藝人就不那麼理直氣壯了，明明是自己在「獻身」，卻還要往「裸替」身上轉移。畢竟是當紅花旦、知名藝人，即便是真的裸了也不能承認，誰讓她是「大牌」呢！

謊言三：我沒整過容

現在盛傳女藝人整容的事，不過最後由其本人出面澄清，都不了了之。其實「澄清」是必須的，但整容的事打死也不能承認。要想進入演藝圈，或想接部好戲，什麼都沒有那張臉重要。

整容的女藝人到底有多少？無法統計。舉個例子可以說明，如果要以動了皮或肉或骨或器官爲統計標準，那麼娛樂圈裡九十九%的女人都整過形。

謊言四：工作太忙了，沒有精力顧及感情方面的事，至今還是單身

現在很多藝人都聲稱自己沒有結婚，至今仍是單身，還非常浪漫地勾畫出自己心

中的白馬王子或白雪公主的形象。藝人對外宣稱沒有對象或沒結婚，其實是爲了讓演藝生涯得以延伸，否則一旦有了情人，會讓粉絲們痛不欲生，最終也就失去了市場。

當然，如果藝人單單是爲了藝術而不結婚、不談戀愛也就無可厚非了，關鍵是他們既不想讓演藝生命終止，還不甘過「無愛」、「無性」的感情生活，於是就假惺惺地說自己感情「清白」。

謊言五：本部電影投資上億

我們常聽說，某部影視劇投資龐大，不是幾千萬就是上億，真有那麼多嗎？難以置信，不過相信世上有空頭支票。爲什麼要說這麼多呢？爲了好聽，說白了就是「唬弄」。劇組到底有沒有錢？錢都花哪兒去了？正常來說，製作投資包括演職人員酬勞、道具費用和場地費等等。此外估計還要算上固定資產，比如導演的百萬名車。另外，劇組的錢沒了，還有這麼一種可能，就是做假帳隱匿了。

謊言六：海選成就你的夢想

每個人都有自己的夢想，選秀就這樣打著爲平民圓夢的旗號應運而生了。選秀大會成就很多人的夢想，但是這真的是爲平民圓夢嗎？在很大程度上它不過是有錢人的遊戲罷了。在聲嘶力竭的初賽、複賽之後，在如火如荼的網路投票之時，選秀的結果有多大的公正性讓人持懷疑態度。所以，選秀不是目的，炒作才是真諦。

謊言七：哪一首歌最滿意？專輯裡十首歌曲我都很喜歡，都很好聽，都值得向大家推薦

你一首歌曲在錄音棚裡翻來覆去唱個七、八十遍，再不堪入耳的爛調子都能磨出一些調調來。我們也清楚，唱片公司讓你出專輯也是你花了價錢的，有些ＤＪ爲了不打擊你的積極性，才將你放在排行榜倒數第二的。

謊言八：其實，我對銷量不在乎，我只是一心想把音樂做好

你對銷量不在乎？簽你幹什麼，你喜歡音樂，在浴室裡安個麥克風每天開個人演唱會好了，用不著塗脂抹粉出來混。你所謂的做好音樂，就是做夢都想有一首在ＫＴＶ裡點播率很高的歌。

娛樂圈是個魚龍混雜的地方，越來越多的炒作、選秀使得這個圈子越發混亂。許多藝術作品脫離生活，缺乏想法，根本沒有藝術生命力，但投資方、經紀人、演員、媒體，還有一些職業推手，重視的已經不再是藝術作品的本質，他們單純地追求收視率、票房、分紅等赤裸裸的物質利益，爲了這個利益他們絞盡腦汁、想方設法地引起別人的關注。

十年前大家還說不會包裝就沒有市場，十年後就變成了沒有緋聞和炒作就等於死亡，這是時代的進步還是後退？我們期待娛樂圈能爲我們提供些優質的精神食糧，別再用這些「謊言」來製造「文明垃圾」。

測試

你的心機有多深

在一個晴空高照的日子，是最適合出遊的。假如，你和你的朋友漫步在森林之中，無意中發現了一間隱藏在林中的建築物，依你的直覺，你會認為這是何種建築物？

A、小木屋。

B、宮殿。

C、城堡。

D、平房住家。

測試解析：

♠選A的人：

你是一個能忍別人所不能忍的人，寬大的心胸，使你對任何的事物都抱著以和為貴的態度，基本上你就是一個完美的人。

♠選B的人：

你是一個思路極細的人，對於身邊的事物都能有良好的安排，凡事都在你的掌握之中，雖說不上城府極深，但對於複雜的人際關係卻能處理得很好，如魚得水。

♠選C的人：

你可說是本世紀最厲害的人際高手，你比選宮殿的人對事物的觀察更敏銳，更能看透人心，在這方面別人總是望塵莫及，而你也一直以此一特性自豪，樂此不疲。

♠選D的人：

你是一個生平無大志的人，也沒有什麼企圖心，雖然對周圍的感應能力並不差，但你凡事僅抱著一個平常心罷了，這種人的最大的好處就是，平凡，沒有煩惱壓力。

謝謝您購買 識破不點破：透視謊言的假面 這本書！

即日起，詳細填寫本卡各欄，對折免貼郵票寄回，我們每月將抽出一百名回函讀者寄出精美禮物，並享有生日當月購書優惠！

想知道更多更即時的消息，歡迎加入"永續圖書粉絲團"

您也可以利用以下傳真或是掃描圖檔寄回本公司信箱，謝謝。

傳真電話：（02）8647-3660　　信箱：yungjiuh@ms45.hinet.net

☺ 姓名：　　□男　□女　　□單身　□已婚

☺ 生日：　　□非會員　　□已是會員

☺ E-Mail：　　電話：（　）

☺ 地址：

☺ 學歷：□高中及以下　□專科或大學　□研究所以上　□其他

☺ 職業：□學生　□資訊　□製造　□行銷　□服務　□金融
□傳播　□公教　□軍警　□自由　□家管　□其他

☺ 您購買此書的原因：□書名　□作者　□內容　□封面　□其他

☺ 您購買此書地點：　　金額：

☺ 建議改進：□內容　□封面　□版面設計　□其他

您的建議：